Critique amoureuse
des Français

Alberto Toscano

Critique amoureuse
des Français

hachette
LITTÉRATURES

Collection dirigée par Pascal Boniface

Ouvrage proposé par Jean-Jérôme Bertolus

ISBN : 978-2-01-237810-0

Introduction

Lorsque des peuples vivent depuis des siècles, voire des millénaires, les uns à côté des autres, ils développent forcément une grande quantité de préjugés, de stéréotypes et d'idées reçues respectives. Qui plus est, par suite des guerres et des migrations qui ont caractérisé notre histoire continentale, nos peuples européens se sont mélangés. Par exemple, un Français sur quatre est sans doute d'origine italienne, espagnole, polonaise ou portugaise. Les blagues se chargent depuis toujours d'utiliser les (présumées) faiblesses des uns pour faire rire les autres. Les Allemands, fiers et belliqueux, se demandent : « Quels sont les deux livres les plus courts qui existent ? » et la réponse est : « Celui de recettes gastronomiques du Biafra et celui des héros de guerre italiens... »

Les Italiens leur rétorquent l'histoire concernant un objet cher aux mœurs françaises : la guillotine. Il était une fois trois condamnés à mort – un Italien, un Français et un Allemand – forcés de passer l'un

après l'autre leur tête dans la lunette de la guillotine. La lame, pour une raison inexplicable et raris-
sime, se bloque à moitié pour les deux premiers, qui
sont graciés et partent en chantant. Quand à son
tour il place son cou dans la lunette, l'Allemand
crie : « Attendez un instant ! J'ai trouvé ce qui
coince ! »

Les Français se demandent comment on peut
couler un sous-marin belge, et ils répondent :
« Simple ! On frappe à la porte… » Les Belges
disent qu'un Français se suicide en mettant le
revolver plus haut que sa tête, car c'est son
complexe de supériorité qu'il doit viser. On pourrait évidemment écrire tout un livre sur les blagues
réciproques entre Européens, révélatrices des
préjugés et des complexes que nous avons les uns
vis-à-vis des autres, et ce parfois depuis des siècles.

Il faudrait se référer également aux idées, plus ou
moins stéréotypées, que les jeunes étrangers se font
de la France à la suite d'une période d'études ou de
travail dans l'Hexagone. Le web (pardon, la toile)
nous offre une grande quantité d'exemples à ce
sujet. « Les Français sont formels dans les saluta-
tions : il faut serrer la main, faire la bise, dire
bonjour, au revoir. Ils veulent souvent savoir quand
on se reverra. Ils disent toujours : "Il faudrait qu'on
mange ensemble un de ces jours", puis ils ne vous

appellent jamais ! », écrit Charlotte, actrice américaine. « C'est un peu un cliché, je sais, mais je suis d'accord pour dire que les Français sont individualistes, c'est-à-dire qu'ils ne vous parlent pas spontanément. Dans les soirées ils restent en petits groupes, il faut beaucoup de temps pour s'intégrer à un groupe, et en général, on y est introduit par quelqu'un », telle est l'opinion de la Brésilienne Monica, artiste de profession. Une Belge trouve les Français « un peu chauvins », et un Italien « plutôt froids ». À chacun son point de vue.

Tout cela pourrait constituer un livre, mais il ne s'agit pas de l'ouvrage que vous tenez entre vos mains. Ici, mon but est de creuser parmi les idées reçues – et donc parmi les fausses certitudes – qui, au début du XXIᵉ siècle, circulent en France sur les Français eux-mêmes.

Certaines pages de ce livre – qui contient beaucoup d'opinions personnelles, donc par définition, subjectives – provoqueront certainement quelques haussements de sourcils, mais j'espère que d'autres feront sourire. Sourire améliore la tension et aide à lutter contre l'urticaire ! Sourire sans méchanceté, sans aller rouvrir les vieux et lourds dossiers enterrés de notre histoire, issus d'une rivalité insensée entre Européens. Au XXIᵉ siècle, sourire peut nous aider à nous aimer et nous avons un grand besoin de nous aimer. Lorsque des millions d'Allemandes feront l'amour avec des Britanniques, des Italiennes avec des Espagnols, des Polonaises avec des Français, etc., naîtra une nouvelle génération, pour laquelle les frontières entre les nations ne compteront plus...

En général, la recherche des « idées reçues » implique une certaine ironie, puisqu'il s'agit de démasquer des mensonges (ou tout du moins des exagérations) admis. Dans le cas spécifique de la France, ce travail est assez compliqué : certaines certitudes font en effet vraiment partie des meubles, et les médias s'en servent comme s'il s'agissait de la chose la plus naturelle du monde. J'imagine quel aurait été le mordant de la presse italienne si, au printemps 1986, juste après la catastrophe de Tchernobyl, le gouvernement avait annoncé que les salades et les autres produits de la terre étaient très sains parce que le nuage radioactif avait contourné la péninsule en évitant avec beaucoup de soin d'y entrer. Personne n'aurait cru un tel mensonge, qui en revanche a été accepté par l'opinion publique française. La confiance en l'État et dans le nucléaire est un exemple probant des certitudes françaises.

Autre exemple, le 10 décembre 2008 un « guérillero » colombien obtient l'asile politique en France. La radio publique France Info diffuse la nouvelle de la sorte : « Un ex-commandant des FARC accueilli au pays des droits de l'homme. » Tous les pays démocratiques ouvrent (plus ou moins) la porte à des réfugiés. Si notre « guérillero » repenti avait été hébergé (comme dans le passé l'ont été des dizaines, voire des centaines, de milliers de persécutés sud-américains) en Allemagne, en Belgique, en Espagne, en Grande-Bretagne, aux Pays-Bas ou en Italie, les médias auraient salué son arrivée sans avoir besoin de dire qu'il avait débarqué « au pays des droits de l'homme ». Mais, encore au XXIᵉ siècle, la France adore se nourrir de certitudes, bien nationales.

Peut-être que la morale de ce livre est tout simplement la suivante : les Français souffrent beaucoup de leur besoin ancestral (désormais totalement inutile) de se prouver à eux-mêmes, et aux autres, qu'ils sont tout simplement « exceptionnels ». À mon avis, ils vivront beaucoup mieux le jour où ils se sentiront libres d'être « normaux » ; exactement comme tous les autres peuples d'Europe et du monde. Accepter la normalité est beaucoup plus relaxant que de devoir toujours s'imposer. La normalité n'a pas vocation à épuiser le système nerveux. Voilà un beau sujet de réflexion pour le pays numéro un mondial de la consommation d'anxiolytiques. Une « exception française » de plus...

Les idées reçues de la France actuelle peuvent répondre au besoin d'autocélébration et parfois d'autofustigation. Je souhaite nuancer l'une et l'autre. La matière première de ce livre est avant tout mon expérience personnelle : trente-deux ans (dont vingt-trois passés en France comme correspondant de plusieurs médias italiens) d'intérêt accru pour les vicissitudes françaises, la lecture systématique de la presse française, les conseils de beaucoup d'amis (que je remercie de façon collective) et enfin un hobby un peu particulier et terriblement encombrant : la collection d'anciens journaux français.

Chaque samedi matin (ou presque) depuis vingt ans, je vais au Marché du livre ancien et d'occasion du square Georges-Brassens, dans le quartier parisien où vivait autrefois cet extraordinaire poète et musicien, pour bavarder avec mes amis bouquinistes, boire un verre de rouge et rechercher des livres et des journaux anciens qui parlent de l'Europe et des peuples qui la composent.

Mon dernier achat est un livre publié en 1847 par l'historien français Henri Martin (1810-1883). Il commence par ces mots : « Ceci est le fruit de quinze années uniquement consacrées à étudier les fastes et le génie de la France. » *Les fastes et le génie de la France !* Exemple typique des sympathiques idées reçues, présentes depuis un certain temps dans l'Hexagone ! Notre ami Martin termine ainsi son livre : « La France, si elle sait le vouloir, gardera et élargira, dans les âges nouveaux, l'universalité de son génie. [...] La société, réduite en poussière par l'individualisme, se reformera dans un ordre plus équitable. [...] La France restera le peuple des essais, des fusions, de la variété et de la libre activité. Les éléments divers s'y coordonneront au lieu de s'y entre-détruire. La France sera plus que jamais le centre moral et intellectuel du monde. » Cocorico !

Cent soixante ans plus tard, le 25 janvier 2007, le candidat à la présidence Nicolas Sarkozy fait un discours à Saint-Quentin, ville natale d'Henri Martin, et il paraît retrouver le lyrisme national de ce dernier : « Je voulais parler à cette France qui a si souvent souffert, qui souffre encore mais qui ne veut rien devoir qu'à ses efforts et qu'à son courage. À cette France qui, pour avoir affronté tant d'épreuves, surmonté tant de drames, s'est forgé un caractère, une personnalité dont la force a si souvent étonné le monde. À cette France de toujours, à cette France qui est la vraie France, celle qui s'inscrit dans une longue histoire, celle qui est la somme de tous ces destins individuels, celle qui ne peut pas mourir parce que chacun d'entre vous veut qu'elle vive. [...] Ce qui est en jeu, c'est une conception de l'homme. Car qu'est-ce que la France sinon d'abord une idée de l'homme, du respect qu'on lui doit, des droits que nul ne peut lui retirer ? Qu'est-ce que la France sinon un combat multiséculaire pour la dignité de la personne humaine et pour sa liberté ? Qu'est-ce que la France sinon une culture qui se veut l'héritière de toutes les cultures qui dans le monde ont apporté quelque chose à l'idée d'humanité ? Qu'est-ce que la France sinon la foi dans la capacité de l'homme à s'améliorer ? Qu'est-ce que la France sinon cet effort continuel pour faire la synthèse de ce qu'il y a de plus grand et de plus beau dans les hommes, sinon cet intercesseur unique entre ce qu'il y a de singulier dans chaque homme et ce qu'il y a d'universel dans tous les hommes, entre le senti-ment de chacun et la raison de tous ? » Recoco-rico…

Le temps passe, l'emphase reste. Et aussi le doute que parfois il se trouve quelque chose de mystérieu-sement vrai dans certaines idées reçues. Comme un ésotérisme des stéréotypes. Un jour, un ami journa-liste italien est venu dîner chez moi à Paris et il m'a parlé d'une récente opération chirurgicale en disant : « On a mis dans mon cœur un morceau de cochon. » Ensuite il a cité – en riant – le *Diction-naire des idées reçues* de Flaubert, qui affirme : « COCHON. […] L'intérieur de son corps étant tout pareil à celui d'un homme, on devrait s'en servir

dans les hôpitaux pour apprendre l'anatomie. »
Prophétique, même si Flaubert n'imaginait pas les
greffes d'organes. Flaubert décrit aussi une France
toujours actuelle. Comme quand il écrit : « DÉCO-
RATION (de la Légion d'honneur). La blaguer mais
la convoiter. Quand on l'obtient, toujours dire
qu'on ne l'a pas demandée. » Ou : « FONDS SECRETS.
Sommes incalculables avec lesquelles les ministres
achètent les consciences. » Et encore : « JOURNAUX.
Ne pouvoir s'en passer. Mais tonner contre. » Très
actuel.

Je préfère parler des idées reçues de nos jours et
mises en doute par les faits. Par exemple, il faut relativiser le rôle de tous les pays qui se croient supérieurs aux autres. Il paraîtrait qu'en France certaines
personnes cultivent encore et prennent soin de ces
stéréotypes comme des plantes de leur jardin. Elles
sont liées aux « certitudes » sur l'héritage du siècle
des Lumières et sur un Paris illuminant le monde de
ses énergies vieilles et nouvelles. Il faut se garder des
amalgames, des confusions et des mauvaises
connexions. En croyant qu'une seule lumière
géniale relie la France de l'illuminisme à celle du
nucléaire, on risque sérieusement le court-circuit.

Paris, capitale mondiale

Fin des années 1990, déjeuner de l'Association de la presse étrangère avec le maire de Paris, Jean Tiberi. Ce jour-là l'atmosphère est tendue à la Maison de l'Europe. Les journaux français viennent de parler d'une possible manipulation électorale : une pêche miraculeuse de voix dans les urnes du « Tibériade ». C'était en réalité une étrange affaire de défunts parisiens, capables de voter. En Italie, on aurait crié au miracle et on aurait proposé à M. Lazare, dont les Évangiles célèbrent la résurrection, de présenter sa candidature au conseil municipal. Dans la laïque France, on pense à l'œuvre de quelque démon de la politique spécialement difficile à exorciser. Le maire de l'époque est dans le collimateur de la presse. La mauvaise humeur de M. Tiberi augmente quand une journaliste allemande lui demande – avec un petit air de défi – s'il considère Paris comme « capitale européenne ». La réponse : « Je préfère parler de Paris comme capitale mondiale. » Et tiens-le-toi pour dit.

Cette histoire a fait surface dans le bordélique tiroir de mes souvenirs quand, il y a quelques jours, j'ai trouvé par hasard dans ma bibliothèque le livre de Patrice Higonnet *Paris capitale du monde* [1]. Donc M. Tiberi a utilisé une expression courante, selon laquelle Paris serait une espèce de nombril de la planète et la tour Eiffel le phare de la civilisation universelle. « Paris la capitale du monde. » Comme le hasard fait bien les choses, je suis tombé le même jour sur un spot publicitaire (pour la petite histoire il s'agit de celui des Pages jaunes) proposé par plusieurs chaînes de la télévision française. On y voit un raccourci de l'évolution culturelle de l'être humain. Le troglodyte va chez le coiffeur et, après avoir déposé son manteau d'animal, il s'habille avec un T-shirt sur lequel est écrit « Paris ». Le nom de cette ville comme summum de la civilisation. Et devinez ce qu'il y a derrière notre ex-troglodyte en version moderne et civilisé : la tour Eiffel, bien sûr !

Ainsi je me sens autorisé à parler de « Paris capitale mondiale » comme d'une idée reçue des Français en général et des Parisiens en particulier. C'est quoi, une capitale ? Du latin *capitalis*, adjectif dérivé du substantif *caput*, c'est-à-dire « tête »,

---

1. Taillandier, 2005.

« chef », la capitale est la ville qui dirige les autres :
la ville où réside le pouvoir de choisir, de
commander ou au moins d'influencer le reste d'un
terroir, d'un pays ou du monde entier. À l'époque
de l'empire d'Auguste et de ses successeurs, la ville
de Rome était, selon ses habitants, *caput mundi*,
c'est-à-dire « lieu fondamental d'un pouvoir exercé
sur le monde entier » (étant assez faibles en géographie, les Romains n'avaient qu'une vague perception des réalités asiatiques : s'ils avaient bien connu
la Chine, ils auraient été plus modestes).

À sa façon, le monde d'il y a deux mille ans était
déjà multipolaire, dans le sens où il y avait deux
grands empires (qui s'ignoraient, sauf pour le
commerce de la soie) et d'autres puissances. Dans le
monde actuel, les capitales « qui comptent » sont
beaucoup plus nombreuses. Le pouvoir n'est donc
pas centralisé dans une capitale unique. Et tant mieux.
Il y a cependant des classements, plus ou moins
sérieux, des villes « attractives ». Selon l'édition 2008
du *Global Cities' Attractiveness Survey*[1] (qui donne
beaucoup d'importance à l'économie), Paris est à la
cinquième place, après New York, Londres, Pékin et
Shanghai.

---

1. Cité dans *Les Échos*, 18 septembre 2008.

On peut donc se demander l'origine de cette idée farfelue : « Paris capitale du monde » ! Paris est une ville-institution, rendue particulière par la conception fortement centralisée que les Français ont tradition-nellement de leur État, de leurs institutions et aussi de leur économie, et qui – de Colbert à Sarkozy, en passant par les nationalisations du général de Gaulle et par celles de François Mitterrand – a toujours été tirée par la locomotive de l'initiative publique. Il y a une raison bien précise si cette ville-institution est devenue la mère de toutes les idées reçues françaises. La France est un pays à géométrie rigide : des cercles concen-triques. À l'extérieur, il y a la France-monde, incluant l'outre-mer, et – plus on se rapproche du centre – nous trouvons la France hexagonale, puis la Région Île-de-France et enfin Paris capitale, lieu par excel-lence du pouvoir. Avec deux millions d'habitants, Paris est une ville relativement petite, et un tel degré de concentration du pouvoir a peu de comparaisons possibles dans le monde. Pour les Français, respecter le pouvoir de Paris est une forme de respect pour les institutions elles-mêmes. Quand le gouvernement quitte Paris pour aller à Bordeaux (trois fois : après la défaite de 1870, pendant la Première Guerre mondiale – quand Paris était menacée – et le 14 juin 1940), la France a la démonstration évidente de la crise drama-tique qui touche ses institutions et sa sécurité.

La Seconde Guerre mondiale terminée, la presse française se montre volontiers dithyrambique en évoquant Paris : si la capitale vit dans sa grandeur, le pays entier peut dormir tranquille. Le 28 juillet 1951, *Paris Match* consacre sa une à un reportage intitulé : « Les nuits de Paris ont 2 000 ans » : « Vingt siècles de peuple et vingt siècles de rois ont bâti, autour d'une île, la plus prestigieuse capitale de l'Occident. [...] Les grandes masses blanches des monuments, comme portées par des projecteurs invisibles, se dressent au-dessus des maisons et des ponts, et, si l'on voit Paris du haut d'un belvédère, on a là, peints au pistolet de lumière, les témoignages les plus éloquents de la civilisation. Voilà ce qui fut tant de fois menacé et voilà ce qui a tenu bon au milieu des tempêtes pour signifier la France et son génie. »

En vingt et un siècles, l'histoire a changé plusieurs fois. Encore faut-il que Paris s'en aperçoive. L'histoire bouge vers le transfert d'un pouvoir réel et grandissant aux régions administratives et aux nouvelles entités géographiques, qui montrent leur dynamisme, sans besoin de structures officielles et parfois sans même connaître les frontières entre États. La vieille géométrie des cercles concentriques est en train de changer dans une Europe qui multiplie les centres de pouvoir et donc les « capitales ». Mais Paris, vitrine de la République, continue à vivre dans sa bulle de certitudes. Le monde (heureusement) n'a pas de capitale. Et d'ailleurs, s'il en existait une, elle ne serait sans doute pas située sur les bords de la Seine. Mais soyez gentil : ne le dites pas à M. Tiberi...

Les Champs-Élysées,
la plus belle avenue du monde

« À minuit, un demi-million de personnes sont venues sabler le champagne sur les Champs-Élysées, la plus belle avenue du monde », annonce le 1er janvier 2009 ce concentré de lieux communs, de stéréotypes et d'idées reçues qu'est le JT de 13 heures sur TF1. « Autrefois le Paris-Dakar partait de la plus belle avenue du monde », dit le jour suivant une autre chaîne. C'est comme si, à chaque début d'année, les Français se sentaient rassurés par cette certitude nationale : on peut perdre le Paris-Dakar, mais les Champs-Élysées restent la plus belle avenue du monde.

Juin 1955, en titre de *France Illustration* : « Champs-Élysées. Voie triomphale et rendez-vous de l'univers. » Avec l'impression qu'entre l'Arc de Triomphe et la Concorde on peut rencontrer même des habitants d'autres galaxies, victimes de l'irrésistible attraction du Fouquet's et du Lido. De bizarres créatures vertes, un peu comme les

Immortels de l'Académie, mais avec de longues antennes à la place des oreilles. L'article commence par ces mots : « Les Grecs désignaient ainsi [les Champs-Élysées] le lieu de délices où reposaient, au royaume d'Hadès, les héros et les sages de la mythologie. Dans les Temps modernes, les Champs-Élysées perpétuent, au cœur de la Ville lumière, la tradition des grâces, des élégances et des raffinements d'un siècle de vie heureuse et facile. Ils sont devenus un pôle d'attraction universel, et leur résonance est telle que, comme le Versailles des rois, la grande avenue a suscité à travers les continents de pâles imitations. »

Cet article n'est qu'un exemple du lyrisme que les médias français de toute époque déploient en parlant des Champs-Élysées, régulièrement cités comme « la plus belle avenue du monde », au cœur d'une ville que Victor Hugo appelait en 1848 « la ville la plus civilisée du monde ». Que veut-on de plus ?

Les médias français se disputent parfois sur le plan politique, mais ils rivalisent patriotiquement entre eux quand il s'agit de rendre hommage aux certitudes nationales fondamentales : le vin, le fromage, la cuisine bleu-blanc-rouge et le caractère paradisiaque des Champs-Élysées. M6 et *Le Figaro* nous expliquent que « sur la plus célèbre avenue du monde se croisent chaque année plus de cent millions de personnes ». Mon souvenir va à la foule impressionnante de Nankin Road et du Bund, à Shanghai, où le nombre d'hommes et de femmes qui « se croisent » chaque jour, chaque mois et chaque année est certainement supérieur. C'est seulement un exemple parmi d'autres de foules, bien plus imposantes que celle des Champs-Élysées. Mais l'important pour les Français semble être de continuer à affirmer une fausse idée : ainsi s'habitue-t-on à la prendre pour vraie. « On s'habitue, c'est tout », chantait Jacques Brel. Cela arrive pour une chose banale, comme le charme des Champs. Cela peut arriver pour des « certitudes » plus importantes, qui fleurissent dans le jardin voisin du palais de l'Élysée.

En réalité, le charme des Champs-Élysées a peu à voir avec la beauté, et émane plutôt d'autres éléments : l'abondance des commerces, l'étalage du luxe et le besoin d'être un lieu de rencontre. La définition de « plus belle avenue du monde » est donc assez peu appropriée, même si les touristes japonais – séduits par le panorama – exhibent leur esprit de kamikaze en se plaçant en pleine nuit, caméra à la main, au milieu de la circulation pour photographier l'Arc de Triomphe. Il est significatif que l'image la plus répandue des Champs-Élysées soit une scène nocturne et « construite » : celle de l'avenue en période de Noël, vue d'en haut, avec les arbres pleins de petites lumières et, au fond, l'obélisque de Louxor, qui semble soutenir une gigantesque roue illuminée, montée et démontée tous les ans. Si le pharaon avait vu cela, il aurait renoncé à édifier des obélisques. Peut-être aurait-il renoncé aussi à ses autres grands travaux : il aurait libéré les esclaves de l'Égypte et il aurait fait l'économie de dix plaies particulièrement désagréables (parce qu'il y a dix plaies d'Égypte et non pas sept comme on le dit habituellement en France).

Les Champs-Élysées sont avant tout un symbole triomphal ; dominés qu'ils sont par l'arc imposant qui porte précisément le nom d'Arc de Triomphe, gigantesque imitation kitsch des monuments d'une autre époque. À la table des négociations du traité de Francfort, le 10 mai 1871, l'idée d'un défilé des troupes prussiennes sur les Champs-Élysées devint politiquement très importante pour Bismarck, au point que cet élément sera l'une des clés de l'accord à côté de l'indemnité de guerre et de la cession de l'Alsace-Lorraine. Hitler exigera à son tour son défilé sur les Champs-Élysées, honte qui sera lavée par la descente des Champs-Élysées, le général de Gaulle en tête, le 26 août 1944. Les gaullistes reviennent sur les Champs-Élysées le 30 mai

1968 : un million de personnes remontent l'avenue pour exprimer leur confiance dans le Général. En juillet 1989, la foule y fête le bicentenaire de la Révolution et en juillet 1998 la Coupe du monde de football. À chaque époque ses batailles et ses triomphes : en juillet 2006, une foule immense se rassemble sur les Champs pour fêter la victoire en demi-finale à l'occasion de la Coupe du monde en Allemagne. On peut à peine imaginer combien de monde se serait rassemblé sur la plus célèbre avenue de France si les Bleus avaient gagné la finale. Tous les ans, les Champs sont le lieu d'expression de l'orgueil national avec les défilés du 14 Juillet et le symbole même du triomphe avec la dernière étape du Tour de France. C'est émouvant, presque dopant.

Les Champs-Élysées, ce sont aussi des magasins, luxueux, avec de larges trottoirs pour un lèche-vitrines sans fin. Comme le dit la chanson de Joe Dassin : « Au soleil ou sous la pluie ; à midi ou à minuit ; il y a tout ce que vous voulez aux Champs-Élysées ! »

Cette avenue extraordinaire accueille des initiatives extraordinaires. Printemps 1996 : les Champs-Élysées deviennent « le plus grand musée de sculptures au monde[1] » en mettant en scène une gigantesque exposition d'œuvres d'art. Octobre 2008 : des avions fleurissent sur les trottoirs et *Le Journal du dimanche* titre : « Les rois des airs sur les Champs. » Qu'il s'agisse d'une exposition de voitures, de sculptures, de trains ou d'avions, chaque initiative réalisée sur les Champs-Élysées doit – par définition – exciter l'imagination du public. Comme s'il s'agissait, une fois de plus, de l'exhibition d'un triomphe.

Les Champs-Élysées, « lieu de rendez-vous de qualité » ? Sur ce terrain, ils sont malheureusement en train de perdre pas mal de points (au bénéfice, notamment, des rues adjacentes, beaucoup plus calmes et agréables). En effet, le côté « bling-bling » des Champs attire les foules du samedi soir, et souvent l'avenue – pourtant contrôlée par des centaines de policiers – se transforme en terrain de bagarres entre bandes de « sauvageons » (selon l'expression chère à Jean-Pierre Chevènement). En septembre 2004, les Champs-Élysées furent la vitrine d'une bataille digne d'une guerre punique, sauf que cette fois Hannibal (Hannibal Kadhafi, fils de son papa) avait trouvé la voiture plus confortable que l'éléphant. Interpellé à 140 kilomètres à l'heure après avoir grillé plusieurs feux rouges sur l'avenue,

---

1. Titre du *Figaro Magazine* du 23 mars 1996.

il fut le protagoniste d'une bagarre qui envoya trois policiers français à l'hôpital.

Le charme des Champs-Élysées est indiscutable. Il découle d'une curieuse et séduisante alchimie parisienne, dont la « beauté » n'est pas l'ingrédient fondamental. En effet, les Champs-Élysées ne sont sans doute pas la plus belle artère de France (que dire, par exemple, de cette merveille qu'est la promenade des Anglais à Nice ?) et ni même la plus belle de Paris. Si un jour quelqu'un avait l'idée stupide d'organiser un concours pour choisir la plus belle avenue du monde, la France pourrait éviter de se faire représenter par une rue parisienne et, s'il le fallait absolument, la ville de Paris pourrait se faire représenter par les quais de la Seine d'où on bénéficie de très beaux panoramas. Une collègue de la télévision française m'a raconté l'anecdote suivante, concernant sa famille : « Deux cousins de mon père, me dit-elle, juifs d'Égypte et fondateurs du parti communiste égyptien, déambulaient dans les rues de Paris, après leur expulsion d'Égypte dans les années cinquante. Ils préparaient la révolution mondiale, dont ils voyaient l'avènement proche et radieux. Brusquement, alors qu'ils traversaient la Seine par le pont Royal, Raymond dit à Henri, avec désespoir : "Non, nous n'arriverons jamais à l'égalité parfaite à laquelle nous aspirons !" Henri, surpris et fâché, rétorque : "Mais qu'est-ce que tu racontes ? Bien sûr que nous y arriverons !" "Non, reprend Raymond dépité, non, il y aura toujours ceux qui vivent à Paris et les autres, tous le autres…". »

Paris, Ville lumière

En arrivant à Paris depuis New York, Hongkong, Singapour ou Tokyo, on a l'impression que la nuit y est plus paisible. Sur les places et les avenues du centre-ville, on voit beaucoup moins de lumières, enseignes lumineuses en tout genre que dans certaines autres localités de la planète, aveuglées par le délire de la consommation et la fièvre de la publicité nocturne de milliers de produits. Parmi les nombreuses raisons pour lesquelles j'aime Paris, il y a justement ce fait que cette ville n'est pas trop saturée de lumières. Paris n'est pas la « Ville lumière », et c'est tant mieux comme ça.

La tour Eiffel est bien sûr illuminée, ainsi que les autres monuments importants. Elle scintille et fait son show à chaque heure, en s'habillant d'une robe du soir bleue pendant le semestre de la présidence française de l'Union européenne. Mais quand la nuit devient profonde, elle s'endort à son tour. Si, à Montparnasse, un grand panneau lumineux propose pub et informations aux couche-tard, cela n'a rien à voir avec d'autres villes du monde, où la nuit a parfois des couleurs plus vives que le jour. Paris est une ville sage et intelligente, qui, à l'époque des indispensables économies d'énergie, se contente d'illuminer certains immeubles jusqu'à une certaine heure, sans exagération.

L'appellation de « Ville lumière » remonte à la Belle Époque, et en particulier à ce moment magique de son histoire qu'a été l'Exposition universelle de 1900, quand on eut l'impression de vivre un progrès scientifique en apparence illimité, quand les immenses pavillons montraient des machines capables d'apprivoiser l'énergie et quand la nuit, pleine de plaisirs et de lumières, devenait un moment plus intense que le jour. Jusque-là, l'éclairage public nocturne des Parisiens était dû à un très entreprenant entrepreneur italien, l'abbé Laudati Caraffa – malheureusement oublié depuis –, qui avait obtenu du roi, en mars 1662, des « lettres patentes » avec le privilège de créer des stations de porte-flambeaux et porte-lanternes pour escorter les Parisiens la nuit. Cet « Agnelli du XVIIᵉ » était le vrai maître de la nuit, obtenant aussi la concession exclusive des flambeaux et des lanternes des espaces publics parisiens.

Quand on appelle Paris « Ville lumière », on fait aussi allusion au dynamisme de sa vie nocturne.

Mais, là encore, d'autres villes d'autres continents ont une vie nocturne bien plus intense que la capitale française. À deux heures du matin il est probablement plus facile de trouver une librairie ou une épicerie ouvertes à Buenos Aires qu'à Paris, à Berlin ou à Rome. Idem pour les restaurants. Nous, la nuit, on dort. Malheureusement, on a du mal à faire de beaux rêves. Peut-être parce que en France et en Italie, on mange trop...

La cuisine française
est la meilleure du monde

« Il y a une seule chose que je ne vais certainement pas regretter de la France : sa nourriture ! »
m'a dit mon amie Stefania en quittant Paris en 1992
pour rejoindre Milan, puis San Francisco (où je
doute qu'elle mange mieux qu'au bord de la Seine).
Les Italiens sont toujours terriblement polémiques
vis-à-vis de la gastronomie française, comme s'ils
devaient à chaque repas lui disputer une imaginaire
coupe d'Europe ou Coupe du monde de la four-
chette. Dans cette lutte au couteau, Français et
Italiens oublient volontiers l'essentiel : le fait que
leur gastronomie – bien qu'avec les différences
archiconnues, comme l'importance des pâtes dans la
péninsule et celle de la viande dans l'Hexagone – a
la même origine historique et répond à la même
philosophie : le rapport avec le terroir et le respect
pour notre variété régionale.

L'origine commune de la gastronomie franco-
italienne me ramène à l'homme qui sera à tout

jamais le symbole de la splendeur de la Renaissance italienne : Laurent de Médicis, dit le Magnifique. Piero, fils de ce dernier, est le père d'un autre Lorenzo, qui se maria avec une Française : Madeleine de La Tour d'Auvergne. Leur fille Catherine vint au monde à Florence le 13 avril 1519. Catherine de Médicis fut mêlée dès sa naissance à la grande politique. Orpheline très jeune, elle fut retenue en otage à Florence par ses concitoyens qui s'opposaient au pouvoir de la famille des Médicis. Charles Quint libérera Florence, et Catherine, à l'âge de quatorze ans, épouse (1533) le futur roi Henri II. Elle amène avec elle beaucoup d'argent (histoire de renflouer les caisses vides du royaume de France) et surtout les meilleurs cuisiniers d'Europe, venus des régions italiennes des Abruzzes et de la Toscane.

Catherine a donc joué un rôle très important dans la naissance de la gastronomie moderne franco-italienne. Avec elle, la France découvre une « nouvelle cuisine » et en particulier une façon plus raffinée d'accommoder les légumes. Ce fut la période de gloire des brocolis et de l'artichaut ! On inventait de nouveaux plats. Telle fut la première révolution gastronomique européenne, manifestement franco-italienne. On découvrait les vertus des plaisirs gastronomiques ; certains produits de la terre étaient même dits aphrodisiaques, comme les artichauts ou les truffes. « Voici l'histoire de la dame qui attribue à la vertu érotique des truffes sa trop grande indulgence aux avances d'un galant », écrit Jean-François Revel dans son introduction à la *Physiologie du goût* de Brillat-Savarin.

En réalité – et ici on parle de la philosophie commune franco-italienne –, la vraie grandeur d'une cuisine réside dans sa relation avec le terroir, la campagne, les forêts ou la mer. Un jour, j'ai demandé à Alain Ducasse quelle était, à son avis, la meilleure chose que l'on puisse manger. Il m'a répondu : « Un petit rouget de la Méditerranée, dégusté juste après sa capture. » Et il a ajouté avec un sourire : « Mais pour cela on a besoin d'un bon pêcheur plus que d'un bon cuisinier. » Voilà donc un grand gastronome qui a le bon sens de souligner l'essentiel.

Évidemment, la gastronomie franco-italienne n'a pas le monopole de cette philosophie du respect du terroir et des saisons. Et c'est tant mieux car la chose la plus absurde en gastronomie serait de vouloir montrer une sorte de « privilège naturel » ou de « supériorité acquise ». Il n'y a pas de peuple élu. Pourquoi essayer d'établir des hiérarchies dans un domaine subjectif comme celui du goût ? Il suffit de respecter la nature et ses produits, comme le prouvent – par leur simplicité – certaines valeurs sûres de la gastronomie : du bar en croûte de sel (ou du mulet, qui coûte moins cher) au gigot d'agneau au four, du pavé de cabillaud à la sauce d'épinards à la mythique tarte aux pommes de toutes les grands-mères. Ensuite c'est une question de goût et de savoir-faire. Les cuisines chinoise, japonaise ou marocaine, par exemple, sont tout simplement formidables. Et s'il y a des plats que les Chinois considèrent comme délicieux et que moi je n'aime pas, je ne me permettrais jamais de dire à un Chinois que mon risotto à la milanaise ou mon *brasato* piémontais sont meilleurs que ses nids d'hirondelle !

J'avoue avoir été surpris en écoutant, le 23 février 2008, le discours du président Nicolas Sarkozy à l'inauguration du Salon de l'agriculture : « J'ai pris l'initiative que la France soit le premier pays à déposer, dès 2009, une candidature auprès de l'Unesco pour permettre la reconnaissance de notre patrimoine gastronomique au patrimoine mondial. Nous avons la meilleure gastronomie du monde, enfin, de notre point de vue – enfin on veut bien se comparer avec les autres – eh bien, nous voulons que cela soit reconnu au patrimoine mondial. » Qu'est-ce que l'Unesco (qui a heureusement autre chose à faire) devrait reconnaître ? Que la purée de

M. Robuchon est meilleure que celle de ma grand-mère ?

Ma grand-mère n'est plus là. Sinon elle pourrait parler avec M. Robuchon de sa théorie sur la purée : « Il existe trois types de purée : la courante, faite avec de l'eau ; la bonne, avec du lait, et l'exception-nelle avec beaucoup de beurre et de fromage. » Venant de l'Italie du Nord, où l'agriculture et l'élevage sont traditionnellement riches, ma grand-mère avait – un peu comme les Français – le mythe du beurre, symbole du bien-être. Ne dit-on pas : « On ne peut pas avoir le beurre et l'argent du beurre » ? S'il y a beaucoup de beurre dans les épinards, c'est que le budget de la famille se porte bien : si on a pu dépenser de l'argent pour acheter du beurre, c'est qu'il en reste sous le matelas (de l'argent, pas du beurre).

J'ai mis plusieurs années à me libérer de la tyrannie du beurre et du sucre. Quand j'ai commencé à aimer faire la cuisine, j'ai été séduit par les différentes saveurs d'huile d'olive et – sauf exception – j'ai limité au strict minimum mes rela-tions avec le beurre. Mais dans les restaurants pari-siens, y compris chez certains « étoilés », il m'arrive encore de trouver dans mon assiette des mets pleins de beurre, de crème et de sauces. Une vraie exagéra-tion de matière grasse d'origine animale.

Le président Sarkozy n'a pas de doutes : le chateau-
briand – à point, saignant ou bleu – mérite d'être
inscrit sur la liste du patrimoine de l'humanité, exactement comme le château de Fontainebleau. En effet,
le flambeau de la « meilleure cuisine du monde » est
tenu par un plat que l'on peut désormais trouver
partout : le steak-frites. Laissons un moment Sarkozy,
et revenons cinquante ans avant son élection, quand
Roland Barthes publiait son *Mythologies*, le livre qui
l'a rendu célèbre. Pour Barthes « le bifteck est, en
France, élément de base, nationalisé plus encore que
socialisé : il figure dans tous les décors de la vie
alimentaire. [...] Associé communément aux frites, le
bifteck leur transmet son lustre national : la frite est
nostalgique et patriote comme le bifteck. [...] la frite
est le signe alimentaire de la "francité" ».

Malheureusement, Sarkozy n'a pas pris en compte
ce qu'écrit Christian Millau dans son *Dictionnaire
amoureux de la gastronomie* : « La France, nation
reine de la gastronomie, pays de la truffe, du foie gras,
des grenouilles et des escargots : un mensonge, un
bluff énorme !... Notre gastronomie n'a jamais cessé
de se nourrir et de s'enrichir de sources étrangères. »
Pierre Gagnaire, l'un des grands chefs cuisiniers
français, précise : « La cuisine est toute faite
d'échanges. » Alexandre Dumas père, grand dévoreur
d'aventures et de nourriture, a rédigé à la fin de sa vie

un monumental *Dictionnaire de cuisine*. Il y écrivait :
« En matière de cuisine, comme en littérature, je suis
éclectique ; comme je suis panthéiste en matière de
religion. » Le panthéisme gastronomique : quelle idée
séduisante ! Cela serait si simple de goûter aux bonnes
choses du monde entier plutôt que d'ingurgiter
toujours la même recette à base d'une présumée fierté
nationale. « On mange bien dans plusieurs pays européens, mais la particularité française est d'avoir fait de
la gastronomie un phénomène d'exportation », dit
très justement Jean-Robert Pitte.

En France, il y a comme une liturgie sacrée et
compliquée autour de tout ce qui touche à la gastronomie nationale. Un jour des années 1990 se déroula
à la Maison de l'Europe de Paris une grande fête de
la presse étrangère. À cette occasion, les représentants
de la région du Limousin, arrivés avec leurs excellents produits, ont donné à certains correspondants
les enseignes de chevalier de l'Ordre de la tête de
veau. Les intéressés ont été habillés d'un grand
manteau vert, comme s'ils faisaient leur entrée parmi
les Immortels de l'Académie française.

Comme dans le cas du prêt-à-porter, une certaine
philosophie du prêt-à-manger à la française cultive
l'image et recherche des lettres de noblesse au nom du
business bien plus qu'au nom du goût. Écoutons la
sénatrice UMP Catherine Dumas, qui s'occupe du

dossier Unesco : « La candidature à l'Unesco permettra de trouver de nouvelles pistes à l'export pour les métiers du goût, les arts de la table, les activités satellites. Cette initiative fera mieux connaître nos produits à l'international[1]. » L'image au service des intérêts économiques nationaux : voilà la signification « culturelle » et « morale » du slogan relancé par le président de la République, selon lequel « La cuisine française est la meilleure du monde ».

En réalité, la cuisine est une question de culture dans le sens profond de ce terme, qui vient du latin *colere*, « cultiver ». Cultiver la terre, mais aussi l'éducation des êtres humains.

Allons du coup jusqu'au bout du raisonnement et affirmons que la « meilleure cuisine du monde » est celle qui nous inspire les plus beaux souvenirs. Un petit rouget, cadeau de la mer. Un plat de légumes préparé par une mère. Et même le hamburger mangé chez McDo (*sorry*, monsieur Bové !) le jour d'un premier baiser. Le goût est dans notre tête avant d'être dans notre assiette et la meilleure cuisine du monde est tout simplement celle que nous aimons le plus.

---

1. *Le Figaro Magazine*, 8 septembre 2008.

La France, patrie du vin

« La France, patrie du vin », affirme *Le Courrier international* (3 avril 2007) dans un article au titre évocateur : « In vino veritas ». La vérité est plus compliquée : la France n'est pas « la patrie du vin », mais elle appartient à un ensemble européen qui peut légitimement se définir par cette expression. Dans *Mythologies* de Roland Barthes, le texte sur le vin commence ainsi : « Le vin est senti par la nation française comme un bien qui lui est propre, au même titre que ses trois cent soixante espèces de fromages et sa culture. C'est une boisson totem, correspondant au lait de la vache hollandaise ou au thé absorbé cérémonieusement par la famille royale anglaise. »

S'il y a un produit présent dans les cinq continents, mais différent d'une région à l'autre, d'un département à l'autre et même d'un champ à l'autre, c'est bien le vin. Le vin a depuis toujours une connotation sacrée. Le vin de messe s'identifie même au sang du Christ. Le vin est le mariage idéal entre la magie du terroir et le savoir-faire de l'homme, béni par une divinité, Chronos, le temps, qui lui permet d'acquérir son caractère et ses vertus. Sans le temps, on peut créer du Coca-Cola, mais pas un barolo ou un bordeaux.

Comme les hommes, les vins ont chacun leur caractère et en général on peut trouver en eux du bon et du moins bon. Mais cela dépend, aussi, du caractère, de la bouche et de l'état d'âme de celui qui y goûte. Ainsi la magie peut se renouveler à chaque repas humain, comme à chaque repas divin. À chaque dîner, comme à chaque messe. Le vin est l'histoire même de l'homme.

Il y a des situations où le recours à la figure rhétorique de la tautologie n'est pas déplacé. On peut donc affirmer avec une grande détermination que la France est la patrie des vins français ! Ceux-ci sont parfois excellents, parfois acceptables et parfois nuls, exactement comme les vins italiens. France et Italie représentent cent vingt millions d'habitants qui consomment en moyenne cinquante litres de vin par an chacun. Santé. *Salute*. Tchin tchin. *Prosit*. À condition de ne pas exagérer. Dans son numéro du 15 janvier 1899, le journal bimensuel parisien *Le Correspondant médical* tirait la sonnette d'alarme en disant : « L'enfant boit ! Dans les cafés, le dimanche, à Paris on voit les enfants prendre un verre de vin avec leurs familles. Les nourrices donnent du vin à leurs nourrissons et s'ébaudissent de leur exubérante gaîté. » Une scène d'une autre époque. Aujourd'hui, les enfants préfèrent le cannabis. Le même journal se lançait dans la considération suivante au sujet de la relation vin-langue : « L'argot français, nous dit Lombroso, a quarante-quatre synonymes pour désigner l'ivresse, vingt pour rendre l'action de boire, huit pour désigner le vin, soit en tout soixante-douze, tandis qu'il y en a seulement dix-neuf pour l'eau. »

Si un jour le bon Dieu jugeait les pays à leur vin (qui, pouvant devenir le sang de son fils, a presque une obligation morale de respecter certaines normes de fabrication), la France mériterait le paradis grâce à une série d'innovations fondamentales que ses paysans ont su introduire depuis des siècles dans la culture du vignoble et dans la production du vin, en particulier dans le Bordelais, en Bourgogne et dans la magnifique campagne entourant les châteaux de la Loire. Bien qu'absent de la messe (au moins jusqu'au prochain concile), le champagne a en soi quelque chose de divin grâce à la qualité de ses bulles et au génie du religieux bénédictin, qui a tant fait pour sa création : dom Pérignon (1639-1715).

Malheureusement, la France est aussi responsable d'un péché vinicole qui risque de se répandre dans le monde entier et qui a déjà envahi l'Italie : le commerce du vin nouveau, qui dans l'écrasante majorité des cas ne devrait pas (à mon avis) porter le nom de vin. L'idée même du vin nouveau est une contradiction en soi, parce que le vin est un fruit de la patience. Paul Claudel, dans son discours du 2 mai 1935, pour l'inauguration de la Foire internationale de Bruxelles, l'illustrait bien : « Le vin est le fils du soleil et de la terre, mais il a eu le travail comme accoucheur. Comme les grandes œuvres et les grandes pensées, il ne sort pas du pressoir tout prêt à être englouti par un estomac avide et distrait. Il lui faut la collaboration de l'art, de la patience, du temps et de l'attention. Il lui faut un long séjour dans la nuit pour arriver à ce chef-d'œuvre de saveur où le cerveau trouve autant d'émerveillement que le palais [1]. »

En revanche, la liturgie annuelle du beaujolais nouveau, le troisième jeudi de chaque mois de novembre, est un pur phénomène d'image et de communication, qui montre jusqu'à quel point la télévision et la presse ont été capables de pervertir le palais de millions de consommateurs, heureux (les pauvres !) de goûter une boisson à la saveur artificielle plutôt que

---

1. *Le Figaro*, 5 mai 1935.

d'acheter, au même prix, des côtes-du-rhône ou des côtes du Ventoux tout à fait convenables.

L'idée même de pouvoir enlever au vin l'une de ses caractéristiques fondamentales – le temps – est quelque part blasphématoire. Le vin est divin. Il ne peut pas avoir de patrie parce qu'il doit contribuer au bonheur de l'humanité tout entière (sans en abuser bien entendu !).

La France, patrie des fromages

Touche pas à mon fromage ! Début 1992, le roquefort, fait avec du lait de brebis et affiné dans les mythiques caves naturelles sur le causse du Larzac (condition indispensable pour obtenir l'appellation d'origine), se trouve au centre d'une bataille, s'étendant du plateau du Larzac jusqu'au palais Brongniart (traditionnel symbole de la Bourse parisienne). La financière de droit luxembourgeois Ifint, filiale de l'italienne Ifi et donc du groupe Agnelli, lance une offre publique d'achat (OPA) sur la totalité du capital de la française Exor, qui contrôlait le groupe Perrier, propriétaire à son tour des eaux minérales, du vin Château-Margaux et des caves de Roquefort.

José Bové n'avait pas encore détruit (en langage politiquement correct, il faut dire « démonté ») le restaurant McDo de Millau, au nom et pour le compte des mêmes brebis du Larzac, mais la cause du fromage de Roquefort était déjà perçue en France comme un sujet d'engagement national. À la fin, grâce à la contre-OPA, lancée par Nestlé en accord avec BSN-Danone, la propriété du fromage de brebis resta française, tandis que les eaux minérales Perrier devinrent suisses (Nestlé) et la famille Agnelli décida que dorénavant elle achèterait vin et fromage au supermarché plutôt qu'en Bourse. Le gouvernement français de l'époque, conduit par Édith Cresson, était du côté de l'alliance gagnante Danone-Nestlé : la défense du roquefort est une cause nationale dans le pays nourri, depuis longtemps, par l'idée reçue d'être « la patrie des fromages ».

L'eau a coulé sous les ponts depuis. Aujourd'hui, nous devrions avoir compris que le besoin de défendre nos fromages est une cause européenne. Défendre nos fromages est un peu comme défendre les vaches, qui nous donnent du lait après celui de maman. Donc défendre nos vaches est un peu comme défendre notre terre et notre mère, au point qu'en Inde ces gentils ruminants sont autant respectés que les titulaires de la Légion d'honneur en France (et ils n'ont même pas besoin de se distinguer par un ruban rouge). Le fromage prolonge la vie du lait, en exprimant au passage un savoir-faire propre à chaque morceau de notre terroir. Pour le Général, il était bien compliqué de gouverner une France possédant des centaines de fromages. Pour les maîtres de la nouvelle Europe, il faut administrer la patrie de plusieurs milliers de fromages, comprenant de vrais chefs-d'œuvre de l'artisanat agricole et les pires produits du recyclage industriel.

Mais c'est le grand nombre de fromages français (plus que leur qualité à géométrie variable) qui a forgé la fierté nationale et a stimulé l'imagination des étrangers. Une enseignante d'espagnol dans un lycée parisien me raconte ce voyage à Madrid avec ses élèves. La première fois qu'ils ont été tous à table, un étudiant local a accueilli les copains français en disant : « À table vous allez trouver notre typique *queso manchego*. » Un jeune Français a répondu : « Nous avons trois cent cinquante-deux fromages, un pour chaque jour de l'année ! » Cocorico ! Quant aux étrangers, dans le film (très américain et très francophile) *French Kiss* (« Bons baisers de France »), de Lawrence Kasdan (1995), on voit Meg Ryan parler avec enthousiasme du nombre impressionnant de fromages dont la France dispose.

Les pays européens sont terriblement jaloux de leurs fromages. La France se considère comme leur vraie patrie, mais ses consommateurs sont bombardés par les campagnes publicitaires des Hollandais, qui affirment appartenir à « l'autre pays du fromage », et des Suisses, qui proposent leurs

51

AOC de grande qualité. Avec un franc suisse écrasé par l'euro, les produits de la Confédération deviennent compétitifs dans l'Europe entière. Si Guillaume Tell avait eu le sens du commerce, il aurait mis un « chaussée aux moines AOC » sur la tête de son fils, à la place d'une pomme. Cela aurait aidé l'économie de la Confédération à l'époque où celle-ci doit renoncer au secret bancaire.

Si les Hollandais et les Suisses ont tendance à se positionner comme numéro deux à côté des Français, les Italiens bouleversent la table européenne en se considérant comme égaux et même supérieurs à tout autre rival. En l'occurrence, la bataille de part et d'autre des Alpes est spécialement stupide, car Français, Italiens, Hollandais, Suisses et tous ceux qui produisent de bons fromages ont des intérêts communs (la défense de la qualité et celle des appellations d'origine) plutôt que des raisons d'entrer en compétition. La vraie lutte est entre l'Europe des bons fromages et celle des mauvais.

Un bon fromage n'est pas seulement un fromage fait avec du bon lait, mais aussi un fromage qui a pris le temps de « vieillir ». Un fromage qui a derrière lui une vie et une histoire, en plus d'une tradition. C'est aussi pour cela que le cantal, le comté ou les tomes de Savoie peuvent être des fromages formidables. De même qu'un gorgonzola fait dans les règles de l'art est bien différent de celui qui arrive tout de suite (ou presque) de la distribution. Voilà pourquoi le parmigiano reggiano vieillit pendant des années, et que les caves à roquefort sont si importantes depuis des siècles.

Les Français aiment la baguette

Il était une fois deux symboles du peuple français, que la Constitution oublia de sacraliser en même temps que le drapeau, la langue, la laïcité et *La Marseillaise*. L'un de ces anciens fétiches nationaux – le béret – a déjà disparu. De moins en moins de monde se souvient de l'objet en question. Pourtant encore en 1974 (pour être exact, le 21 janvier) *Charlie Hebdo* y consacrait toute sa une – en période d'inflation, pendant la première grande crise du pétrole : « Les Français sont contents. Les bérets n'ont pas augmenté. » À ce moment précis, on s'interrogeait sur l'avenir des prix de l'autre fétiche national – la baguette – et on craignait de voir le peuple forcé de manger des brioches. La baguette, dont le prix a toujours été analysé par l'Insee et surveillé par les différents gouvernements, est aussi une façon d'étudier l'évolution du coût de la vie.

La bonne vieille baguette survit dans des conditions difficiles. À la campagne, elle fait de la résistance, mais dans les villes elle subit les affreuses lois du capitalisme et du libre marché, c'est-à-dire la concurrence des autres types de pain. Bref, les Français sont en train d'oublier leur vieil amour pour la baguette, qui pourrait suivre le béret dans le tiroir à souvenirs des grands-parents. On achète souvent d'autres types de pain, tous plus sophistiqués et plus chers que la baguette d'autrefois.

Pour conquérir la clientèle exigeante des villes, les boulangeries ont multiplié l'offre. Quand je sors de chez moi pour aller acheter mon pain quotidien, je me trouve – à ma boulangerie préférée – face aux choix suivants : 1) baguette (bio ou non) ; 2) pain aux céréales aux abricots ; 3) pain aux céréales aux figues ; 4) chapatta aux deux olives ; 5) chapatta nature ; 6) ficelle du boulanger ; 7) ficelle pavot ; 8) ficelle sésame ; 9) flûte aux céréales ; 10) « le 500 grammes » ; 11) le kilo ; 12) pain aux céréales ; 13) pain aux noisettes ; 14) pain aux noix ; 15) pain aux raisins ; 16) pain bio 500 g ; 17) pain bio 800 g ; 18) pain bio 1 kg ; 19) pain bio 2 kg ; 20) pain bio Île-de-France ; 21) pain de châtaigne ; 22) pain de mie ; 23) pain de seigle ; 24) pain intégral ; 25) tourne de Monge ; 26) tourne à l'épeautre ; 27) tourtière ; 28) vital céréales. Il y a même une « couronne épis » !

Dans la boulangerie d'à côté, on propose un pain appelé « la flûte Saint-Médard ». Une autre boulangerie a lancé l'idée géniale du « pain à la tomate ». Plusieurs quartiers de Paris et plusieurs villes françaises ont puisé dans les traditions locales (vraies ou imaginaires) pour inventer des qualités particulières de pain, destinées à séduire le public et à être vendues à des prix plusieurs fois supérieurs à la bonne vieille baguette nationale.

Ainsi la baguette devient un symbole d'uniformité dans un pays qui veut mettre en valeur ses spécificités locales. Le goût de la baguette est le même pour tous les Français, tandis que ces derniers sont prêts à payer plus pour avoir le bon pain traditionnel de leur propre coin d'origine ou de résidence. À Bordeaux, le défi de renouveler la production locale du pain en allant à la recherche de la farine perdue a été relevé par un Hollandais d'origine huguenote. Quant à Lyon, je me souviens d'un déjeuner entre le maire de l'époque, Raymond Barre, et un groupe de journalistes étrangers. Ces derniers s'attendaient à un langage très politique, mais ils ont entendu surtout cette phrase au centre du discours : « Je vous prie de goûter nos vins et notre excellent pain lyonnais. » Dans la France de la IIIᵉ République, la baguette était magique et souveraine. Dans celle du XXIᵉ siècle, les gens semblent fiers d'être ch'ti, breton, niçois (avec la bonne vieille socca), lyonnais, alsacien, bordelais, toulousain. Chacun avec son pain et son accent.

La baguette, comme je l'ai mentionné plus haut, est un baromètre du coût de la vie. Par exemple en 1970, la règle était « un litre (d'essence) = deux baguettes ». Un quart de siècle plus tard (en 1995), il fallait 1,7 baguette pour acheter un litre d'essence. Début 2009, il suffit d'1,2 baguette. Si la baguette avait été une monnaie, elle aurait gardé sa valeur et l'aurait même augmentée face aux carburants à la pompe. Fort Knox serait rempli de baguettes et l'oncle Picsou nagerait au milieu d'elles. Mais la baguette n'est que du pain. Du bon pain comme le pain français en général qui est vraiment extraordinaire. La baguette magique française peut continuer à faire ses miracles.

« Impossible n'est pas français »

Les candidats à l'Élysée glissent volontiers dans leurs discours électoraux des promesses impossibles à tenir. Ensuite, le gagnant explique cette incapacité à réaliser les programmes prévus à cause d'une guerre au Moyen-Orient, d'une crise financière commencée en Amérique ou de l'intervention des perfides technocrates de Bruxelles ! « Impossible n'est pas français » serait vrai si la France ne subissait pas la mauvaise influence des autres : ceux qui ont l'habitude de s'arrêter à la barrière du possible.

Les Français pensent en réalité disposer d'un secret ; d'une sorte de « pierre philosophale ». La pierre philosophale *made in France* est l'expression magique, productrice d'autres magies, selon laquelle « Nous n'avons pas de pétrole, mais nous avons des idées ». Si la pierre philosophale pouvait transmuer tout métal en or, la phrase magique, elle, peut déclencher une réaction en chaîne, pour trouver des solutions qui paraissaient au début tout simplement « impossibles ».

« Ne dites pas que c'est impossible », était la phrase préférée du futur maréchal Leclerc (1902-1947). Ce militaire exceptionnel était habitué à agir à la limite du possible. Deux fois capturé par les Allemands sur le champ de bataille et deux fois évadé en 1940, il se bat au Gabon au nom de la France libre, contre des Français qui avaient choisi la France de Vichy. Au Tchad, il se lance dans une longue marche qui se termine en Allemagne en 1945. Premier succès : la conquête, dans des conditions presque impossibles, de la position stratégique de Koufra, en Libye, le 28 février 1941.

Dans le domaine du sport, la phrase à sensation « Impossible n'est pas français » a été utilisée par l'ensemble des médias en octobre 2007 pour commenter la victoire de l'équipe de France contre celle de la Nouvelle-Zélande à l'occasion des quarts de finale de la Coupe du monde de rugby. Ce 6 octobre 2007, sur le terrain de Cardiff, l'équipe du futur ministre Bernard Laporte a fait le miracle aux frais des All Blacks. Mais le miracle a été de courte durée. Quand les Français sont donnés perdants à la veille d'un match très important, l'extrême difficulté du pari les pousse à donner le maximum d'eux-mêmes, comme s'ils devaient vraiment escalader la montagne de l'impossible. Ça vaut pour tous, mais les autres athlètes ne doivent pas

entendre la phrase à sensation, selon laquelle
« Impossible n'est pas français ».

Cette phrase est en réalité très dangereuse ; elle
risque en effet de réduire la concentration face aux
défis « possibles ». Le 12 juillet 1998, les Bleus sont
entrés dans l'histoire du football grâce à leur
victoire 3-0 au Stade de France en finale de la
Coupe du monde contre les super-favoris brésiliens.
Mais la finale du 9 juillet 2006 à Berlin, qui parais-
sait bien plus facile à gagner (contre des adversaires
comme les Italiens), a été une déception.

Le sport au XXIᵉ siècle exprime la fierté nationale
un peu comme le faisaient les guerres. Le 9 juillet
1813, par exemple, l'empereur Napoléon écrivait
une lettre au général Jean Léonard François, comte
Le Marois, (ironie du destin : le même jour du
calendrier à presque deux siècles de distance, que la
finale perdue aux tirs au but par l'équipe de France
contre les Azzurri venus de la péninsule). Déjà en
1813, le match se disputait en Allemagne, à Magdebourg, ville que le général Jean Léonard François
avait la tâche de défendre.

Le général écrivait à l'empereur Napoléon pour
lui faire part de ses doutes. Réponse de l'Empereur : « *Ce n'est pas possible, m'écrivez-vous ; cela
n'est pas français.* » Et les troupes françaises à
Magdebourg résistèrent longtemps, contribuant à la

naissance de la plus fière et de la plus dangereuse parmi les idées reçues *made in France*, le défi à l'impossible qui peut devenir un boomerang parce que – à chaque défaite, à chaque problème, à chaque frustration – les Français ont l'impression d'être en déclin. Bien que souvent dépourvue de toute motivation sérieuse, cette sensation de « déclin » peut faire beaucoup de tort à ceux qui l'éprouvent. On passe alors d'un extrême à l'autre : du mythe de l'« Impossible n'est pas français » à la sinistrose ambiante du présumé déclin, qui pousse parfois les Français à perdre confiance en eux-mêmes, autant dans les chances de leur pays que dans celles de l'Europe.

La France est en déclin

Dans son *Dictionnaire des idées reçues*, Flaubert dit que les Français se considèrent comme « le premier peuple de l'univers ». Si on part d'une telle affirmation – cette présumée certitude qui provoquait l'ironie de l'auteur du *Dictionnaire* –, tout retour sur Terre est forcément un peu décevant pour les habitants de l'Hexagone. D'où l'origine profonde d'un refrain que j'entends régulièrement, et par vagues successives sur le « déclin français ». Quelle insupportable litanie !

Ce n'est pas un hasard si le symbole d'une ville comme Paris, très loin de la mer, est un bateau avec la devise : *Fluctuat nec mergitur*, « on s'agite sur les vagues, avec des hauts et des bas, mais on ne coule jamais ». Il fallait le graver sur tous les bâtiments publics pour rassurer une population qui a souvent la fausse (et même un peu absurde) impression de couler, *mergitur*.

Mon premier long séjour dans la capitale du *fluctuat nec mergitur* remonte à 1977. Ensuite, j'y suis revenu tous les ans pour réaliser des reportages ou des interviews, jusqu'en 1986, où j'ai commencé mon expérience de correspondant « permanent » en France. Depuis 1977, les discours sur le « déclin français » arrivent régulièrement à mes oreilles, ce qui a le don de m'énerver. En effet, mes yeux, eux, observent un pays qui n'a certainement pas plus, en moyenne, de problèmes que les autres. Au contraire, même, vu qu'en France, on vit généralement de façon assez agréable. Au point que les Allemands ont créé le proverbe « Leben wie Gott in Frankreich », c'est-à-dire « Vivre comme Dieu en France », pour désigner une personne qui n'a pas à se plaindre. Même les papes ont vécu à une certaine époque à Avignon.

Bien entendu, la France a des problèmes et en a eu. Et ce n'est pas une découverte. Chaque chose peut être relativisée. Par exemple : il est vrai que la France subit lourdement les conséquences de la crise mondiale de 2008-2009, mais dans les trente-cinq années précédentes les Français ont gagné sept ans de vie, leur pouvoir d'achat a doublé et leur fortune a triplé. D'ailleurs, est-ce que les Français seraient si prolifiques s'ils se considéraient vraiment en déclin ?

En 2006 (quand Eurobaromètre a réalisé un sondage sur le niveau de satisfaction en Europe sur le niveau de vie de la population des différents États) il n'y avait pas de crise. Voici le classement des réponses « très satisfaits », en pourcentage pays par pays : 55 au Danemark, 48 en Irlande, 46 aux Pays-Bas, 40 au Royaume-Uni, 31 en Allemagne, 24 en Espagne, 20 en Italie et seulement 16 en France. Ça frôle l'inexplicable. Mais ce chiffre est la conséquence de l'absurde cauchemar du présumé « déclin ». Heureusement les sondages doivent être pris avec prudence. Celui publié le 24 novembre 2008 par *Le Parisien* sous le titre « À quoi rêvent les Français » paraît en contradiction avec le précédent. Il affirme que « trois quarts des Français vivent la vie dont ils rêvaient ». Même la « déclinomanie » a ses limites.

Pourquoi les fréquents discours sur le déclin sont-ils une prérogative française, ou presque ? Parce que derrière une certaine pensée unique à la française il y a une unique arrière-pensée : la nostalgie pour le passé. Le 7 octobre 1974 (six mois après l'élection de Valéry Giscard d'Estaing à l'Elysée), *Charlie Hebdo* faisait sa une avec le titre : « On était heureux sous Pompidou » et le dessin d'un Français en larmes qui disait : « On avait chaud ! », « Le mazout, ça pleuvait ! », « On changeait de bagnole comme de chemise ! », « L'argent, y avait qu'à se baisser ! », « Le ciné n'était pas porno », « Le président était malade », « Les femmes fermaient leur gueule »... Heureusement, on peut ironiser sur la nostalgie congénitale des Français... Nostalgie qui regarde parfois la « grandeur » du passé. Quelle « grandeur » ?

S'il s'agit de la hiérarchie internationale de « puissance », il est parfaitement normal que des pays comme la Chine et l'Inde, ayant plus d'un milliard d'habitants, pèsent sur les destins mondiaux au moins comme des pays de 64 millions d'âmes. Le nombre d'États au monde s'est multiplié par quatre entre le moment de la création de l'Onu en 1945 (54 États) et le XXIe siècle (200). On ne peut pas toujours être sur le podium.

S'il s'agit de l'empire colonial, je ne comprends pas la nostalgie française : on vit beaucoup mieux en respectant la liberté des autres peuples qu'en utilisant le slogan « Liberté, Égalité, Fraternité » tandis qu'on privait d'autres peuples de ces trois éléments. « Le choix qu'on lui propose aujourd'hui, chaque Français sait qu'il est inscrit dans le destin de la France. Il ressort de sa double vocation continentale et méditerranéenne, européenne et impériale, roturière et aristocratique, paysanne et missionnaire. Cela lui vient du vieux mariage gallo-romain. Une maisonnette chez soi et un empire à l'horizon », écrivait Gaston Bonheur dans l'article

« La France inquiète », sorti dans *Paris Match* le 19 janvier 1952. À ce moment la France avait un empire, mais une grande partie de ses logements n'avait pas l'eau courante.

S'il s'agit du PIB (Produit intérieur brut), une remarque s'impose. La richesse produite chaque année en France augmente régulièrement (sauf exceptions rarissimes, comme l'année 2009), mais son pourcentage sur la richesse produite dans le monde entier ne peut que baisser parce que dans cette phase historique les autres continents ont une croissance plus rapide. C'est parfaitement normal. D'un côté, il est évident que depuis la Seconde Guerre mondiale la France a connu une croissance presque constante, mais, de l'autre – si on prend en considération la période comprise entre 1992 et 2008 –, la croissance totale de l'Allemagne, de l'Italie et de la France reste dans la partie basse du classement mondial des pays industrialisés (avec une croissance moyenne du PIB inférieure à 2 %).

Depuis les années 1990, la France a dû faire face à des difficultés jusqu'alors peu ou pas rencontrées : un taux élevé de chômage, un déficit considérable des finances publiques et une dette publique élevée (argument dont on parlera ensuite). Cette situation a nécessité des choix de rigueur, qui à leur tour ont renvoyé à l'opinion publique une sensation de crise et même de « déclin ». Mais évitons d'utiliser le mot ambigu et même dangereux de « déclin » et limitons-nous à constater l'existence des problèmes pour ce qu'ils sont. De vrais problèmes à résoudre certes, parfois graves mais rien d'autre que des problèmes à résoudre.

La France a ses problèmes, mais elle garde dans le monde une position de poids et un prestige indiscutables. Elle est membre permanent du Conseil de sécurité de l'Onu, tandis que des pays comme l'Allemagne, l'Inde et le Brésil ne le sont pas. Elle a créé en 1975 l'institution du G6, devenu l'année suivante G7 avec l'entrée du Canada et ensuite G8 avec celle de la Russie. Pendant la crise financière de l'automne 2008, Paris a créé ce nouveau (à vrai dire encore hypothétique) pôle de coordination informelle de l'Union européenne : le G4, composé par les pays de l'Union européenne également membres du G8. Bref, la diplomatie française est plus active et efficace que jamais.

La France est capable d'élever la voix, au point qu'une partie de sa presse peut souligner avec emphase le rôle planétaire de l'Élysée : « Sarkozy impose à Bush un sommet mondial de la finance » est le gros titre à la une du *Figaro* du 20 octobre 2008, ce qui laisse entendre une présumée capacité de la France de donner des ordres aux États-Unis sur le terrain fondamental de la finance internationale. Juillet 1944 : l'Amérique a dicté à Bretton Woods les règles du nouvel ordre financier planétaire. Automne 2008 : elle a dû composer avec l'opinion de la France, de l'Europe et du reste du monde. Sans arriver au lyrisme apologétique du *Figaro* (que le même président Sarkozy a utilisé pendant sa conférence de presse du 5 janvier 2009, en disant avoir « imposé » un sommet aux Américains), une chose est claire : dans le domaine de la finance, le poids de la France et de l'Europe est plus élevé en 2008 qu'en 1944. L'euro est devenu une monnaie fondamentale pour les réserves de chaque pays de la planète. C'est là le « déclin » ?

Si on prend la liste des sièges d'organisations internationales et des centres de recherche situés dans l'Hexagone (de l'Unesco à Iter en passant par l'OCDE, par Eutelsat, Arianespace et l'Agence spatiale européenne), on constate que la France n'a vraiment pas de quoi se plaindre ou se sentir « en déclin ». Quand l'Élysée veut vraiment avoir un compatriote sur un fauteuil international – comme on a vu Jacques Attali à la Banque européenne pour la reconstruction et le développement de l'Europe de l'Est (Berd), Jean-Claude Trichet à la Banque centrale européenne (BCE), Pascal Lamy à l'Organisation mondiale du commerce (OMC) ou Dominique Strauss-Kahn au Fonds monétaire international (FMI) – l'intéressé est bien rarement déçu. On l'a également vu avec les deux mandats de Jacques Delors (1984-1994) à la tête de la Commission de Bruxelles : une période fondamentale pour l'intégration communautaire.

Les étrangers arrivent tous les ans en France par dizaines de millions : le nombre de touristes atteint des records, en dépassant même, sur un an, celui des habitants de l'Hexagone. Le monde entier observe avec attention la France dans tous les domaines possibles et imaginables. Le cinéma rime avec Cannes, le théâtre avec Avignon, l'avion avec Toulouse, le train avec TGV, la voiture avec le Mondial de l'automobile, la mode avec les défilés parisiens, et le Tour de France met en scène chaque été la lutte entre le Bien et le Mal, entre loyauté et dopage. Si la France du XXIᵉ siècle est en « déclin », bien des pays de cette vieille planète voudraient « décliner » comme elle. Si les Français ne se considéraient pas comme « le premier peuple de l'univers », l'expression « déclin » ne les empêcherait absolument pas de dormir. Un seul petit conseil aux Français : arrêtez une fois pour toutes de manger du pain et de la nostalgie, ce n'est pas la meilleure recette de votre gastronomie !

L'Europe, c'est la France en grand

Je l'avoue. Quand j'ai entendu le slogan électoral de l'UMP à la veille de la consultation européenne de juin 2004 – « L'Europe, c'est la France en grand » –, j'ai prononcé en italien une phrase pas très polie, souvent utilisée dans les stades de football... Ce slogan m'est apparu presque comme une insulte aux autres pays de l'Union. Pourquoi notre Europe doit-elle être une France en grand ? Pourquoi les Français veulent-ils toujours mettre sur chaque chose leur label, leur signature, leur drapeau ? Pourquoi ne pas dire clairement que nous sommes en train de construire ensemble quelque chose de nouveau ?

Si on est en train de vivre un processus d'intégration, alors nous ne pouvons même pas imaginer que le résultat final puisse être la transformation « en grand » de l'un de nos pays. Pourtant le stéréotype de l'Europe comme « Maxifrance » est alimenté de façon délibérée par l'establishment hexagonal, selon lequel les compatriotes ont besoin d'une jolie

confection patriotique pour comprendre l'importance de ce qu'il y a à l'intérieur de la boîte. En
réalité, la phrase en question n'est pas insultante
seulement pour les autres Européens. Elle l'est aussi
pour les Français. Peut-être surtout pour eux. Le
besoin de dire que « L'Europe, c'est la France en
grand » est un aveu implicite de leur peur de
l'avenir.

Mais il n'y a rien à faire : les politiques français
formulent ce concept pour tranquilliser une opinion
publique qui est pourtant bien plus avancée et intelligente qu'ils ne le croient. Le projet européen est
bien plus efficace si on le présente pour ce qu'il est
plutôt que sous forme de roman à l'eau de rose.
Pourtant la propension des gouvernements français,
de toute couleur politique, est toujours de faire
croire en une Europe constamment et inévitable-
ment inspirée par les choix de Paris.

Parfois l'emphase est débordante. Le très intéressant « Rapport d'information sur l'influence européenne au sein du système international », rendu
public le 13 novembre 2008 par la Commission des
affaires étrangères de l'Assemblée nationale, fait
précéder ses conclusions par la citation suivante
de Victor Hugo : « Ce que Paris conseille, l'Europe
le médite. Ce que Paris entame, l'Europe le

continue[1]. » Soit : l'ambition peut se révéler une bonne chose, mais n'exagérons pas, s'il vous plaît ! D'autant que la citation en question fait partie d'une phrase qui compare le rôle civilisateur de Paris à l'époque moderne à celui de Rome dans l'Antiquité. Voici la phrase dans son intégralité : « Ce que Rome était autrefois, Paris l'est aujourd'hui. Ce que Paris conseille, l'Europe le médite ; ce que Paris commence, l'Europe le continue. Paris a une fonction dominante parmi les nations. » Vive la modestie...

Nous vivons un processus dont le résultat final sera quelque chose de différent, de particulier, d'unique. L'Europe de demain sera forcément nouvelle. Cela fait partie de la force d'un idéal qui a permis à ma génération, venue au monde tout de suite après la Seconde Guerre mondiale, d'avoir connu la plus longue période de paix et de prospérité de notre histoire commune. Tout le monde le sait, mais certains politiques hexagonaux (de droite, du centre et de gauche) ont recours à la vieille fierté nationaliste dans le but de convaincre leurs compatriotes de soutenir un processus destiné à dépasser ce qui reste de nos vieux nationalismes (qui pendant

1. Discours à l'Assemblée constituante, 20 juin 1848.

les derniers siècles ont déjà fait assez de dégâts). C'est presque un paradoxe.

On l'a vu à l'occasion de la campagne référendaire de 2005 pour la ratification du traité constitutionnel : une partie des partisans du « oui » ont présenté l'Europe comme une « grande France » avec la double intention de tranquilliser l'opinion publique et de la rendre fière de sa future puissance national-communautaire. Ce faisant, ils ont repris des arguments chers aux eurosceptiques, comme par exemple celui de la nécessité de préserver et amplifier la puissance nationale. Les uns veulent y arriver par l'élargissement et les autres par la fermeture, par les murs et les frontières. Mais la logique risque d'être la même : si le match se dispute sur ce terrain-là, les eurosceptiques jouent à domicile.

L'Europe aurait pu devenir une « France en grand » si Napoléon avait gagné toutes ses guerres. Mais, à cette époque, Fichte lançait son appel à se soulever et à se coaliser contre une France considérée comme arrogante et dominatrice, son *Discours à la nation allemande* ne manquera pas d'inspirer les réflexions de Bismarck, qui fera beaucoup de mal à la France. En revanche, la France des Lumières, avec son envie de dialogue et de découverte, avait séduit Frédéric II, Catherine II et Goethe, qui en parlait comme de « la Grande

Nation ». La France qui dialogue et qui lance des idées nouvelles plaît aux autres Européens. Celle qui traite le reste de l'Europe avec un certain mépris (comme les États-Unis croient parfois pouvoir traiter le reste du monde) peut difficilement espérer la compréhension des autres. On devrait avoir compris que jouer avec les nationalismes, c'est jouer avec le feu.

Évidemment, l'histoire nous enseigne aussi le rôle fondamental et très particulier que la France a eu à l'origine du processus d'intégration communautaire, quand les deux autres principaux pays du « club des six fondateurs », l'Allemagne et l'Italie, payaient encore le prix de la Seconde Guerre mondiale et de leurs dictatures passées. « M. Robert Schuman propose la gestion commune de la production franco-allemande du charbon et de l'acier », titrait à la une *Le Figaro* du 10 mai 1950. Le sous-titre précisait : « Les autres États européens sont invités à adhérer à la nouvelle organisation. » Le même jour, *Le Monde* titrait : « Une initiative révolutionnaire. » La Communauté européenne du charbon et de l'acier (CECA) était en train de naître. Et la nouvelle Europe avec.

Le chemin communautaire est né en France, et personne ne devrait oublier cette vérité, même si le traité fondateur du 25 mars 1957 a été signé à Rome,

au Capitole. Ensuite toute une série d'idées fondamentales de la construction européenne ont été
proposées (de façon parfois intéressée) par la
France, comme dans le cas de la Politique agricole
commune (PAC). La France a contribué de façon
déterminante à rendre l'Europe grande et aucune
personne sérieuse ne peut nier cette vérité. Mais
l'Europe ne peut pas devenir une « France en
grand ». Ni une Allemagne en grand ni une Malte
en grand. Bien que, sur le plan de la météo, cette
dernière hypothèse serait certainement la plus
séduisante.

L'euro fait augmenter les prix

« Le principal reproche fait à l'euro par les citoyens européens – mais surtout français – est d'avoir favorisé un dérapage généralisé des prix. Tout le monde a bien vu le prix de la baguette et du café au comptoir s'envoler lors du passage à l'euro fiduciaire en janvier 2002 et, aujourd'hui, au restaurant, trouver une bouteille à moins de 20 euros (132 francs !) relève de l'exploit ou du mal d'estomac garanti[1] », affirme Jean Quatremer, correspondant à Bruxelles du quotidien *Libération* et grand expert de problèmes communautaires. Il a certainement raison, mais si – sept ans après l'entrée des nouveaux billets dans nos poches – on considère le problème des prix dans son ensemble, le bilan est exactement opposé à l'idée reçue : en réalité, l'euro a protégé le consommateur européen. En France, le vrai reproche devrait être fait à la qualité du café

---

1. 31 janvier 2007.

plus qu'à celle de la monnaie utilisée pour le payer au comptoir.

« C'est parce que vous n'achetez jamais d'oignons ! », me dit à son tour – lors d'un dîner – une gentille consœur parisienne en réponse à mon affirmation selon laquelle on doit relativiser l'idée d'une augmentation généralisée des prix, liée à l'introduction de l'euro. Je lui ai demandé si elle connaissait vraiment le prix des oignons, mais elle l'ignorait totalement. Je fais volontiers le marché et j'utilise souvent cette merveille de la nature qu'est l'oignon (entre autres dans la préparation de la soupe gratinée à la française et du risotto à la milanaise).

Comme l'oignon, le problème de l'euro et de l'augmentation des prix présente plusieurs couches. Il serait vraiment peu sage de se limiter à prendre uniquement en considération la première, bien que celle-ci soit la plus visible.

Bien sûr, il y a eu une augmentation des prix à la suite du passage à la monnaie unique. Bien sûr, cette augmentation a touché (entre autres) certains produits alimentaires de consommation courante ainsi que l'addition des restaurants, devenue d'un jour à l'autre plus salée. Bien sûr que les instituts de statistique, nationaux et communautaires, ont donné à l'homme de la rue l'impression de se moquer de lui en continuant à affirmer la quasi-inexistence de l'inflation tandis que le pouvoir d'achat était en train de stagner, voire de baisser.

Comme le souligne une étude très intéressante de la Banque de France[1], le passage à l'euro a coïncidé avec le début d'un phénomène vérifiable à travers les chiffres officiels d'un côté et les sondages d'opinion de l'autre : le découplage entre inflation mesurée et inflation ressentie. Depuis longtemps ces deux courbes étaient en France presque juxtaposées. À partir de 2000-2001, la ligne indiquant l'inflation ressentie est nettement supérieure.

Tout cela est très intéressant, mais il s'agit seulement d'une partie de la vérité. Il faut aller à l'essentiel, qui est largement favorable à l'euro. Si l'on prend l'ensemble de la période 2001-2009, il est évident que la monnaie unique (physiquement entrée dans nos poches le 1er janvier 2002) a protégé le consommateur européen. Grâce à elle, les Européens ont limité les dégâts d'une époque hautement dangereuse, commencée avec un certain 11 Septembre, suivie de fluctuations impressionnantes sur les prix des matières premières. Des exemples comme l'envolée du prix des céréales et surtout la brutale augmentation du baril de pétrole, jusqu'à 160 dollars (niveau

1. « Dossier Documents et Débats », n° 1, 29 janvier 2007.

record atteint à l'été 2008), et immédiatement après la chute à moins de 40 dollars, sont révélateurs d'une atmosphère d'incertitude, idéale pour des mouvements spéculatifs fortement déstabilisateurs sur la parité entre les différentes monnaies.

L'explosion dévastatrice de la crise bancaire, boursière et financière mondiale, en octobre 2008, a provoqué un scénario bien plus grave que celui du krach boursier d'octobre 1987, ou de la récession de 1993 avec une forte instabilité dans les taux de changes entre monnaies européennes. Difficile d'imaginer aujourd'hui un scénario analogue à celui de 1992, quand le succès du « non » au référendum danois sur le traité de Maastricht a provoqué des tensions, atteignant leur paroxysme en septembre de la même année avec la dévaluation de la lire italienne, et son décrochage du système monétaire européen pour fluctuer librement. La lire a ainsi perdu beaucoup de sa valeur, mais elle a rendu en même temps le *made in Italy* beaucoup plus compétitif sur les marchés internationaux, au point qu'en 1995 le président Jacques Chirac a menacé l'Italie de rétorsion, pour avoir réduit les importations de veaux du Limousin, devenus trop chers. Les veaux ont symbolisé une crise monétaire devenue commerciale et aussi politique. Une grande partie de nos exportations (qu'elles soient françaises, espagnoles, allemandes ou italiennes) vont en Europe. L'incertitude monétaire pourrait remettre en cause le marché unique, avec des conséquences désastreuses sur la production. Qui peut sérieusement croire qu'une économie fermée serait un avantage pour n'importe quel pays de la planète ?

Imaginons un seul instant ce que le terrible tsunami financier de 2008-2009, couplé à une crise réelle de l'économie, aurait pu provoquer en Europe en l'absence de la monnaie unique. Décrochage du franc français par rapport au Deutsche Mark (DM). Décrochage de la lire italienne et de la peseta espagnole par rapport au franc français et, à plus forte raison, au mark. Vague spéculative sur l'ensemble des monnaies, dans certains cas à la hausse, dans d'autres à la baisse ; affirmation planétaire du dollar et du DM comme monnaies refuge. Division nette entre pays européens ; bouleversement sur le terrain des échanges en Europe, avec la tentative de l'Italie et probablement de l'Espagne de pratiquer la dévaluation compétitive. Demande de plusieurs personnalités politiques (en plus des eurosceptiques habituels) de rétablir les contrôles commerciaux aux frontières. Risque de retour au protectionnisme. Baisse des exportations. Fluctuations des prix (parfois à la hausse et parfois à la baisse) bien plus difficiles à gérer que ce qu'on a vécu avec l'euro.

Qui peut sérieusement affirmer que les prix en 2009 auraient été moins élevés sans le passage à l'euro ? Qui peut dire que les intérêts des couches sociales défavorisées auraient été mieux protégés dans un contexte de cette nature ? On ne fait pas l'histoire au conditionnel, mais, à partir d'un oignon, on peut beaucoup pleurer. Le jour où l'on fera les comptes sur une moyenne ou longue période, on dira que – malgré certaines erreurs, qui ont été effectivement commises – l'euro a contribué à la lutte contre l'inflation et à la force de nos économies.

P-S. Début 2009 le prix d'un kilo d'oignons est, à Paris, d'1 euro. Facile, non ?

La France,
championne du monde des grèves

Mais non, chers Français ! Vous n'avez pas le record mondial des grèves. Même pas le record européen. Tout simplement, vous vivez très mal vos grèves, qui ont presque toujours lieu dans le secteur public parce que votre syndicalisme est encore fils de l'histoire économique d'une autre époque. Il peut parfois être touchant, mais il est archaïque : comme si on circulait dans une « 2 CV » au milieu des « C3 ». Votre record mondial n'est pas dans les heures de grève mais dans la différence entre le taux de syndicalisation dans le public et dans le privé. D'où une force bien différente – entre privé et public – des « grandes » confédérations. Celles-ci se considèrent comme les filles aînées du service public « à la française » et pensent avoir un intérêt stratégique à affirmer la présence de l'État dans tous les secteurs possibles et imaginables. D'où leur opposition idéologique à toute forme de privatisation, dans n'importe quel domaine.

Le niveau total de *syndicalisation* est très faible en France : moins de 10 % des travailleuses et des travailleurs sont inscrits à un syndicat, contre des niveaux largement supérieurs en Allemagne, en Italie et dans les pays scandinaves. Compte tenu de la vocation naturelle du secteur public – garantir la force de l'État et aider le citoyen dans ses besoins fondamentaux –, les grèves des écoles, des hôpitaux, des chemins de fer et des sociétés locales du transport bouleversent les habitudes de la population dans son ensemble. Il s'agit de grèves qui font mal. Donc on s'en souvient pendant longtemps et on a la fausse impression que la France est « championne du monde des grèves ».

Depuis plus d'un siècle, les Français considèrent leurs grèves comme des événements, parfois historiques. Il arrive qu'elles le deviennent vraiment, comme en 1936 et en 1968. Mais on en parle beaucoup aussi quand elles n'ont aucune grande conséquence, ou presque. Les Français ont toujours été impressionnés et parfois fascinés par certaines de leurs grèves. Deux ans et demi avant la Première Guerre mondiale, les Parisiens avaient un problème largement présent dans les journaux : la grève de la danse. « Le corps de ballet de l'Opéra vient de connaître, en une semaine, les joies et les déceptions du syndicalisme », écrit *L'Illustration*, qui dans le

numéro du 27 janvier 1912 consacre une page intérieure à un dessin représentant un syndicaliste qui,
verre à la main, donne des conseils de lutte à une
danseuse très belle, très jeune et très chic, manifestement séduite par la prédication militante. La presse
trouve des accents lyriques pour décrire la capacité
du citoyen à s'organiser pour survivre malgré une
grève. Sur une page entière du *Petit Journal* daté du
24 mars 1907, une gravure s'intitule : « Paris dans
les ténèbres le soir de la grève des électriciens ».
L'article qu'elle illustre commence par ces mots :
« Des lanternes vénitiennes pendues aux devantures
des cafés, des bougies plantées sur les tables, et,
de-ci de-là, des agents armés de torches, éclairant et
guidant les passants... Par la volonté de quel-
ques-uns, la vie normale de Paris fut ainsi boule-
versée. » Et pourtant les Parisiens devraient être
fiers : le mot même de grève est sorti des eaux de la
Seine un peu comme la légende fait naître Vénus des
eaux de la mer Égée. La grève de la Seine, là où se
trouvait le vieux port de Paris, a donné son nom à
la place de Grève (actuelle place de l'Hôtel-
de-Ville). Quand dans ce lieu on ne brûlait pas les
présumées sorcières, on allait chercher du travail, en
se baladant sans rien faire dans l'attente d'une
proposition pour décharger un bateau ou ranger des

caisses. Être « en grève », c'était tout simplement ne pas avoir de travail.

« Les 33 000 agents de la Régie autonome des transports parisiens (métro et autobus) détiennent le record des grèves », écrit *Paris Match* le 7 avril 1951 en parlant d'une abstention du travail dans la région parisienne. L'hiver très froid de l'année 1995, avec les grèves des transports contre la réforme des retraites dans le secteur public, est resté gravé dans la mémoire de la population française, avec les mille idées suggérées à cette occasion par le système D : de l'auto-stop aux patins à roulettes, à la redécouverte de la marche à pied, du covoiturage. Deux ans plus tôt, la réforme des retraites dans le secteur privé – pourtant bien plus difficile à avaler et certainement plus injuste – était passée comme une lettre à la poste. Mais en 1995, la Poste croisa les bras et, avec elle, l'électricité, le gaz, les transports et d'autres branches du secteur public, idole et symbole du syndicalisme à la française.

Les études montrent que les grèves ne sont pas plus nombreuses en France qu'ailleurs. Encore faut-il situer ces études dans leur contexte historique. Si on prend en considération une seule année, alors tout est possible. Mais sur une période plus ou moins longue, au XXᵉ siècle, par exemple, la Grande-Bretagne, avant la Seconde Guerre mondiale, et l'Italie, à partir des années 1960, ont eu bien plus de conflits sociaux que la France.

Le « mal français » est dû à la difficulté d'organiser une vraie concertation entre les partenaires sociaux, mais aussi à la myopie, à un certain égoïsme et à de vieilles hésitations du CNPF-Medef (en réalité bien plus faible que les organisations patronales d'autres pays européens, comme la Confindustria italienne). On a vu cette concertation en Allemagne, en Italie, en Scandinavie et dans d'autres pays. On ne l'a pas vue dans la France de Mitterrand, de Chirac, de Jospin (qui est en partie la même) ou de Sarkozy. La caractéristique française n'est pas à rechercher dans le nombre des journées de grève, mais dans une situation générale, où toute forme de dialogue social est particulièrement difficile. Dans ce contexte, la grève peut arriver trop tard et se révéler – par exemple – l'acte désespéré des salariés face à la fermeture de leur usine. S'ils avaient protesté plus tôt, l'usine aurait pu, peut-être, être sauvée. À la limite, en France il n'y a pas assez de grèves dans le privé : s'il y en avait plus, cela montrerait un dynamisme syndical majeur dans ce domaine.

Les Français ne travaillent pas assez

Grèves à part, beaucoup de Français pensent que, dans leur pays, on ne travaille pas assez. (Ce sont bien entendu toujours « les autres qui ne travaillent pas assez », pas celui qui parle). Écoutons une voix étrangère : après un séjour dans l'Hexagone, Lavik, architecte norvégien, lance sur Internet le message suivant : « Je ne suis pas d'accord avec le stéréotype qui consiste à dire que les Français n'aiment pas travailler. J'en connais qui travaillent beaucoup. Bien sûr, dans les administrations, quelquefois c'est un peu difficile, on a l'impression de déranger les employés avec nos questions... Mais c'est partout pareil, non ? » Moi aussi j'en connais qui travaillent beaucoup, y compris dans la fonction publique d'État, territoriale et surtout hospitalière.

En Europe, il y a une division nette entre pays de l'Est et pays de l'Ouest : dans les premiers, la durée du travail est plus importante que dans les seconds. Le désir de développement, après la fin du communisme, pousse la population des pays de l'Est à ne pas se poser de questions sur le temps passé à l'usine, au bureau ou au travail en général. Dans la France, dans l'Italie et dans l'Allemagne de l'après-guerre, c'était la même chose. Plus l'envie de relance économique et de consommation est forte et moins on fait attention à sa montre. Les Français, avec quinze cents heures travaillées par an, sont au milieu du peloton et on ne peut absolument pas les accuser d'être paresseux. Aucune statistique sérieuse – qu'elle soit de l'OCDE, de l'Union européenne, de l'Insee ou d'une autre institution – autorise des affirmations de cette nature. Donc il s'agit bien d'une idée reçue, privée de tout fondement.

Le lieu commun selon lequel les Français travailleraient peu est récent. En 1848, devant l'Assemblée constituante, Victor Hugo exaltait l'esprit travailleur des compatriotes en faisant des comparaisons peu flatteuses vis-à-vis d'autres Européens : « Non, le glorieux peuple de juillet et de février ne s'abâtardira pas. Cette fainéantise fatale à la civilisation est possible en Turquie ; en Turquie et non pas en France. Paris ne copiera pas Naples ; jamais, jamais Paris ne copiera Constantinople. Jamais, le voulût-on, jamais on ne parviendra à faire de nos dignes et intelligents ouvriers qui lisent et qui pensent, qui parlent et qui écoutent, des lazzaroni en temps de paix et des janissaires pour le combat.

Jamais ! » Liberté, égalité, opiniâtreté. Ça, c'est exagéré !

On peut s'interroger sur l'origine du stéréotype, selon lequel la population de l'Hexagone travaillerait peu. En France, les festivités sont nombreuses (une polémique à ce sujet a eu lieu à l'automne 2008 dans les médias et dans les milieux politiques) et elles sont concentrées en trois périodes de l'année : mai, novembre, décembre-janvier. La mise en place des jours de RTT a multiplié l'art d'organiser des ponts, qui deviennent parfois de gigantesques viaducs. En plus, pendant les vacances du mois d'août, il devient difficile – à Paris comme à Milan ou à Hambourg – de trouver un magasin ouvert. Bref, l'homme de la rue a parfois l'impression d'être délaissé par ses compatriotes travailleurs (et travailleuses), chose qui nourrit les lieux communs peu gentils – et souvent assez injustes – à l'égard de ces derniers.

Hors d'Europe, la fausse affirmation selon laquelle les Français n'aimeraient pas le travail s'est répandue à la fin des années 1990 à la suite de l'adoption de la loi sur les 35 heures (à parité de salaire). Bien que le gouvernement italien de l'époque (de centre-gauche) se soit intéressé de près à cette initiative, aucun autre pays au monde n'a suivi l'exemple français. En revanche, dans plusieurs pays économiquement avancés (comme la Hollande), on a vu des expériences très intéressantes de multiplication du travail partiel. Dans ce dernier cas, une flexibilité de salaire n'est pas exclue, mais il y a toujours la possibilité de le réajuster à la hausse dans le contexte de la négociation normale des contrats de travail (tandis qu'en France le passage aux 35 heures « à salaire égal » a pesé négativement pendant des années sur les négociations collectives). Si le but de la réduction de l'horaire est normal, le chemin hollandais pour l'atteindre (temps partiel sur la base du dialogue entre les acteurs sociaux) est probablement plus efficace.

Le vrai problème n'est certainement pas exprimé par l'affirmation « Les Français ne travaillent pas assez ». Ça, c'est vraiment une idée reçue des Français sur eux-mêmes. Le vrai problème est autre : seulement la moitié des cinquante millions de Français âgés de plus de quinze ans ont un emploi. Dans l'autre moitié, il y a des situations très différentes : du chômeur au retraité, de l'étudiant à la « femme au foyer ». La France et l'Italie sont parmi les pays où on entre plus tard sur le marché du travail et où on en sort plus tôt. Il s'agit d'un problème important, qui concerne entre autres l'avenir de ce pilier de l'État social qu'est notre système des retraites par répartition. « Jamais autant de personnes ne furent redevables à aussi peu », a dit Winston Churchill après la bataille d'Angleterre de 1940, quand l'héroïsme des pilotes britanniques arrêta l'agressivité de l'aviation allemande. J'ai peur qu'un jour cette phrase ne soit utilisée pour parler de ceux qui, en travaillant, paieront nos retraites.

La proverbiale efficacité
du système de protection sociale
et des services publics à la française

« Touche pas à mon État social ! » pouvait-on lire sur l'une des pancartes de la grande manifestation anti-CPE (contrat première embauche) du 28 mars 2006, à Paris. La controverse sur le CPE a vu la création d'un véritable front de refus. Les Français ont des attentes énormes vis-à-vis de leur « État social », c'est-à-dire de l'intervention des administrations publiques au niveau de la protection sociale (sécurité sociale et assurance chômage), de l'éducation-formation, et de la promotion et du soutien de l'emploi. Dans le passé, l'« État social à la française » s'est montré efficace et généreux. Le top au niveau mondial. Mais, actuellement, le risque (sérieux et bien réel) est que la générosité entre en contradiction avec l'efficacité. Les Français continuent à craindre toute réforme du système de protection sociale, persuadés que leur système traditionnel, fondé sur une généreuse distribution d'aides, ne peut être modifié sinon en pire. Et pourtant il y a un risque de taille : si elle est fondée sur la simple distribution d'aides, la lutte contre le chômage et contre la marginalisation peut avoir la conséquence de rendre moins efficace la lutte contre ces mêmes plaies sociales qu'on voudrait effacer. Pourquoi travailler pour toucher le Smic si le RMI rapporte presque le même montant ? Moralité : un modèle social efficace ne s'arrête pas à limiter l'impact du chômage, mais il agit pour prévenir le problème en favorisant la création d'emplois.

Sur le terrain de l'emploi, la situation française s'est dramatiquement dégradée à partir des années 1970. Les Français ont tendance à oublier cette réalité. Un document de l'UMP, publié à l'occasion du premier anniversaire de l'entrée de Nicolas Sarkozy à l'Élysée, précise que le taux de chômage était, en décembre 2007, au niveau « historiquement bas » de 7,8 %. Drôle de conception de l'histoire, étant donné que le taux de chômage était inférieur à 3 % jusqu'en 1974 (cette année-là il atteignit 2,8 %, ce qui fut considéré comme très inquiétant par la presse de l'époque). La période du chômage physiologiquement et durablement élevé a commencé seulement en 1981, année du bond en avant de 6,3 à 7,5 %. En Italie, le taux de chômage en 2008 était au même niveau que celui de 1972 : entre 6 et 7 %.

Idem pour les États-Unis, autour de 5,5 % (avant la grave crise de 2009). La Grande-Bretagne était à 3,1 en 1972 et à 5,5 % en 2008 (après un pic de 11 % à la moitié des années 1980).

Le vrai choc concerne deux pays : l'Allemagne et la France. La première, qui était sous la barre des 1 % en 1972, pour sa seule partie occidentale, et qui en 2008 atteignit 7,4 %, a réalisé entre-temps sa très coûteuse tâche historique (dans ce cas, le terme « historique » a bien un sens) : la réunification. Elle a dû digérer une situation inédite et très compliquée. En revanche, la France continue à courir derrière son vieux modèle social à une époque où tout a changé. Une chose est de financer le chômage si ce dernier est physiologiquement bas, et une autre de recourir aux mêmes mesures quand il est devenu physiologiquement haut, avec – en plus – des flambées exceptionnelles, comme celle provoquée dans le monde entier par la crise économique de 2009. Il est difficile d'ignorer l'existence d'une corrélation entre dépenses sociales et dette publique.

Le ministre Martin Hirsch – haut-commissaire aux solidarités actives contre la pauvreté – l'a bien compris, en faisant en sorte de déplacer l'accent du financement du chômage sur celui pour la recherche d'un travail. Si le modèle social français a perdu son efficacité, il serait peut-être opportun de parier sur une logique différente, en favorisant le plus possible la recherche d'un nouvel emploi ou la création d'une nouvelle entreprise.

La dette publique française a sensiblement augmenté dans les années 1990, tandis que celle d'autres pays européens était en train de baisser. Quand il était ministre de l'Économie et des Finances, en 2004, Nicolas Sarkozy a réuni à Bercy une foule de journalistes pour sa première grande conférence de presse. À cette occasion, il a pointé le doigt sur le déficit et la dette, à son avis insupportables, en disant que la France aurait dû les réduire immédiatement. Quand Sarkozy est entré à l'Élysée, la situation n'a pas vraiment changé. Au contraire, la situation a tendance à s'aggraver. Après avoir atteint 45,3 % du PIB en 1993, 56,8 % en 2000 et 66,6 % en 2005, la dette publique française pourrait (sous les effets de la crise économique) dépasser les 70 % en 2010 en s'envolant ensuite vers les niveaux d'un pays (comme l'Italie) forcé de supporter les conséquences de décennies de « légèreté financière ». « La persistance sur une longue période d'un déficit des administrations publiques a généré un niveau excessif de la dette publique, dont le remboursement aggravera à l'avenir la charge sur les actifs », annonce un rapport du CERC[1]

La force de l'« État social » est un patrimoine fondamental de nos pays et de nos démocraties. C'est pour cela qu'une chose m'inquiète : le peu de disponibilité des milieux économiques, syndicaux et intellectuels de nos pays à s'engager dans la réflexion sur ce sujet. Sauver et relancer l'« État social », c'est sauver et relancer la maison commune. Si l'on constate que notre système traditionnel court des risques sérieux sur ce terrain, alors la recherche de solutions devient prioritaire, aussi bien pour les patrons et les employés que pour les jeunes et les anciens, qui doivent sauver le système des retraites en évitant le conflit entre générations. Et pourtant j'ai l'impression que le débat sur l'« État social » se déroule bien trop souvent, en France, bien plus que dans les pays voisins, sur la base de préjugés idéologiques, et même « théologiques ».

Les Français adorent l'idée d'un service public efficace. Un jour, en 1993, je me suis senti pareil à un bon Français typique, béret sur la tête et baguette à la main. Je me suis senti surtout le plus fier des Parisiens. En effet, mon vieil ami Piero était

---

1. Conseil emploi revenu cotisation sociale, « La France en transition, 1993-2005 ».

arrivé d'Italie. Il résidait chez moi et il s'était étonné de me voir vérifier ma boîte aux lettres chaque fois que je sortais de l'immeuble. « Ici ce n'est pas comme en Italie : le courrier arrive trois fois par jour ! », ai-je répondu avec un sourire « cocorico ». Et j'ai ajouté : « Mon facteur passe une première fois à 9 h 10 le matin. Tu peux régler ta montre à son passage ! » Disons la vérité : parfois c'est bon de se sentir Français.

Mais rappelons que c'était en 1993... Autre époque, autres mœurs. Aujourd'hui, en 2009 – avec tout le respect que je dois à mon sympathique facteur –, même si le service postal reste plus efficace à Paris qu'à Milan, c'en est fini du courrier distribué trois fois par jour. Le facteur sonne désormais une seule fois et jamais à la même heure. En quinze ans (et sans qu'aucune privatisation soit intervenue), la qualité du service postal français s'est nettement et indiscutablement dégradée.

C'est un constat, mais ce n'est pas un problème vital. En revanche, il conviendrait de s'inquiéter beaucoup plus si la même chose se produisait – comme certains l'affirment – dans le système de la santé et dans celui de l'éducation nationale. Un État « social » peut bien tolérer des dysfonctionnements dans le service postal et il peut aussi demander aux citoyens de partir à la retraite un ou deux ans plus tard qu'avant, mais il perd son âme s'il renonce au principe de la gratuité et à l'égalité de l'assistance médicale. Le service sanitaire national est le cœur d'un modèle social digne de ce nom. La France est en avance sur les autres pays, mais dans certains cas cette avance est en train de se réduire sensiblement.

Les Français sont rétifs au changement

« La fonction principale des syndicats de l'Éducation nationale est la résistance au changement », a affirmé, le 20 novembre 2008 au moment d'une grève, le ministre de l'Éducation nationale Xavier Darcos. Il y a sans doute des Français rétifs au changement. Il y a aussi des Français habitués à accuser leurs compatriotes de s'opposer au changement. Le désir français de changement existe depuis des siècles, exactement comme son contraire. Le problème est qu'ils marchent de pair, et ce depuis fort longtemps. D'ailleurs le changement n'est pas une entité abstraite. Il y a changement et changement, selon les différentes matières et les différentes situations.

Le 26 mai 1951, *Paris Match* publiait un test pour permettre aux Français de cerner leur caractère. La première question était : « Vous avez souvent dit : "Il faut que ça change." Souhaitez-vous réellement un profond bouleversement dans la politique française ? »

Il est certain que les salariés de la fonction publique pensent que toute réforme peut cacher son piège. Donc ils éprouvent pour la privatisation et la libéralisation économique la même répulsion que les adeptes du « régime Montignac » vis-à-vis de la pomme de terre. Mais l'idée de changement va bien au-delà du secteur du travail et surtout elle va bien au-delà des situations sociales chères aux conservateurs (qui parfois ne se considèrent absolument pas comme tels). Ceux qui font obstacle au changement dans un domaine, par exemple dans l'Éducation nationale, sont souvent les premiers à affirmer que la France a besoin d'un changement radical, par exemple en politique. Le mot « *change* », principal slogan électoral de Barack Obama aux élections présidentielles américaines de 2008, est aussi populaire de notre côté de l'Atlantique ! Le problème est qu'il peut signifier beaucoup de choses, parfois en contradiction totale entre elles.

La démonstration de l'aptitude et de la rapidité à changer la société française est donnée par le nombre, par la qualité, et par la détermination des jeunes qui créent des entreprises et qui se lancent dans les eaux agitées de l'économie de marché, malgré le peu d'intérêt que l'État manifeste à leur égard. Même dans les banlieues les plus défavorisées, des jeunes sont capables de contrecarrer le destin, grâce à leurs idées, à leur courage et à leur sens de l'initiative. Il y a une vraie France qui veut changer et elle inclut beaucoup de jeunes et beaucoup de personnes en situation défavorisée.

En politique, le grand succès de la Ve République française a été de garantir le changement et donc l'alternance du pouvoir. Son fondateur a été élu une seule fois à l'Élysée au suffrage universel. Son grand rival de 1965 a été élu deux fois. Le rival de ce rival deux autres fois. Même les institutions françaises changent. Pendant le dernier quart de siècle, les périodes de cohabitation (avec un rôle prépondérant du Parlement) se sont presque équilibrées avec les périodes de présidentialisme classique. Les Français ont voulu le changement. Ils l'ont imposé. Ils l'ont adoré. Quant à la Constitution française, en cinquante ans de vie elle est l'une de celles qui ont subi le plus de modifications en Europe et peut-être dans le monde entier. Les présidents adorent modifier la Constitution : la liturgie de la réunion du Parlement en congrès à Versailles doit donner au pays l'impression précise du changement en route.

Depuis des dizaines d'années, le slogan le plus populaire de la politique française est toujours le même : changement. Ce mot est utilisé à toutes les sauces, sur tous les plats et contribue à aiguiser régulièrement l'appétit des Français. « Changement », disait Giscard. « Changement », promettait Mitterrand. « Changement », préconisait Chirac à propos de la « fracture sociale ». « Changement », ou plus exactement « rupture », a juré Sarkozy au moment de prendre le pouvoir. Le terme « rupture » est plus fort que changement. Un super-changement.

Probablement aujourd'hui il n'y a pas une France, mais deux. Il y a celle de ces jeunes qui n'ont vraiment pas peur du changement. Et il y a aussi celle prête à parler de changement et à vouloir son contraire : le changement et l'immobilisme, le courage de l'avenir et la nostalgie du passé, la rupture et la continuité. Bref, le beurre et l'argent du beurre. Allez revoir le magnifique film *Le Guépard* de Luchino Visconti, avec Alain Delon et Claudia Cardinale. Vous y trouverez une phrase qui devrait vous faire réfléchir : « Si nous voulons que tout reste pareil, il faut que nous changions tout ! », dit Tancredi Falconeri, interprété par Alain Delon, démonstration vivante d'ambition humaine et d'ambiguïté politique (Tancredi, pas Delon). Les Français ne sont pas rétifs au changement ; le problème est qu'ils veulent aussi son contraire. Et, peut-être, les deux en même temps.

Les Français sont des râleurs congénitaux

« La France contient trente-six millions de sujets sans compter les sujets de mécontentement », était la première phrase du premier article du premier numéro de la revue *La Lanterne* d'Henri Rochefort, daté du 30 mai 1868. Cent ans plus tard, en mai 1968, les sujets de mécontentement étaient encore nombreux, et les Français étaient dans la rue. Presque cent cinquante ans plus tard, la France est un mélange bizarre de satisfaction et de mécontentement.

Selon un sondage CSA/*Le Parisien*, publié le 24 novembre 2008 (donc en pleine période de crise économique), les trois quarts des Français déclarent vivre la vie dont ils rêvaient. À la lumière de cette révélation, qui peut encore affirmer que les Français sont des « râleurs congénitaux » ? En réalité, le vieux stéréotype du Français râleur a laissé la place à une situation plus compliquée. D'un côté, il y a les mécontents perpétuels qui ont appris à cohabiter avec leur mauvaise humeur, et de l'autre, il y a une grande partie de la population qui éprouve surtout l'envie de profiter de la vie. Ainsi, le même sondage affirme que les Français désirent surtout trois choses, à savoir plus d'argent, une meilleure santé et plus de temps libre. Ce besoin d'avoir du « temps pour soi » témoigne d'une certaine satisfaction pour sa propre situation, car la personne qui est mal dans sa peau n'a qu'un seul souhait : que le temps passe vite.

Quant au travail, la satisfaction des Français varie selon les différents secteurs. Un sondage, publié en 2007 par l'Observatoire international des salariés (groupe TNS Sofres), sur la façon dont le travail était perçu dans plusieurs pays du monde, dresse une comparaison entre les Français travaillant dans des entreprises nationales et les salariés de groupes étrangers. Ces derniers expriment beaucoup plus de satisfaction et d'optimisme que les premiers. Ils sont, en effet, 58 % à être satisfaits de leur rémunération (pour 45 % dans les groupes français) et 48 % à penser que leurs efforts sont effectivement récompensés (pour 39 % dans les groupes français). Il est aussi très intéressant de noter que 38 % seulement des salariés français travaillant pour des groupes étrangers jugeaient en 2007 leur situation comme se dégradant, contre 63 % pour ceux qui travaillent dans les groupes français.

Quant aux jeunes générations, elles sont dynamiques et ouvertes en France comme dans le reste de l'Europe. Le sondage CSA/*Le Parisien* montre que parmi les Français de moins de trente ans, ils sont 81 % à estimer vivre une vie rêvée. Parmi les quinze-dix-sept ans, ils sont même 84 %. Voilà l'idée reçue de certains – celle de l'adolescent mal dans sa peau, « casseur » et violent – mise à mal par le résultat d'un sondage réalisé de façon sérieuse. Les jeunes générations n'ont aucune envie de passer leur temps à râler.

Une chose est évidente : plus les jeunes Français apprendront à profiter des opportunités de travail ou d'études à l'étranger (comme les séjours universitaires offerts par le dispositif européen Erasmus), plus ils développeront leur dynamisme, leur optimisme et oublieront de râler. Il se peut que les Français du XXIe siècle, comme les autres Européens, soient parfois râleurs (que le lecteur ou la lectrice qui ne l'est jamais lève la main !), mais cette « râlerie » n'est sans doute pas congénitale. Ouf.

Les Français se considèrent
comme des gens raffinés et élégants

Oui, les Français se considèrent comme raffinés et élégants. Sans doute sont-ils considérés ainsi dans le monde entier. Depuis des siècles, les Français ont travaillé à la construction de cette image qui contribue énormément à leur charme, et qui comporte des avantages économiques sur le terrain du tourisme, comme sur celui des industries du luxe et de la haute couture. L'important n'est pas que l'image soit vraie ou fausse. L'important est qu'elle soit universelle, efficace et rentable.

Surtout en temps de crise, le luxe est considéré en premier lieu comme une arme économique. Sans l'industrie du luxe, la France serait dans une situation bien plus difficile. La proverbiale élégance des Français est, en plus d'une idée reçue, une mine d'or authentique, un vrai miracle de la communication et de la gestion de l'image. Désormais, le luxe est un phénomène comptable, une ressource dans laquelle puiser à volonté pour dynamiser la richesse nationale. Si les Saoudiens ont le pétrole, les Ivoiriens le cacao, nous Français, et Italiens, possédons le luxe. Symbole très révélateur : une partie du palais du Louvre, donnant sur la rue de Rivoli, a longtemps hébergé le ministère des Finances pour devenir, ensuite, le siège du musée de la Mode. Inès de la Fressange décrit le luxe comme une « véritable arme économique, susceptible de sauver la France et l'Europe[1] ». À la guerre comme à la guerre.

Les Américains trouvent les Français élégants, mais certains d'entre eux aiment les accuser bête-ment de ne pas se laver assez. Les Français eux-mêmes ont été les protagonistes d'une vieille polé-mique à ce sujet. En 1951, une enquête du magazine *Elle* divulgua que 37 % des femmes françaises ne faisaient leur toilette « complète » qu'une fois par semaine, en ajoutant que 39 % ne se lavaient les cheveux qu'une fois par mois et qu'un quart d'entre elles ne se brossait jamais les dents. « Les Françaises sont sales », commenta de façon presque agressive Françoise Giroud dans un article du même hebdo-madaire parisien. Et la journaliste-écrivain de dévoiler des statistiques peu exaltantes sur la vente des savonnettes dans l'Hexagone. Il est vrai que le plus connu des savons est sans doute le « savon de

---

1. *Le Figaro Madame*, 27 septembre 2008.

Marseille » ; mais en français, si vous voulez
« passer un savon » à quelqu'un, c'est pour le punir
et certainement pas pour lui faire de cadeau.

Quand, en 1986, je suis venu à Paris, j'ai visité
plusieurs appartements assez charmants. J'ai été
surpris par la configuration du traditionnel apparte-
ment bourgeois à la parisienne : une partie jour
– réception, salon... – belle jusqu'à l'exagération, et
une partie nuit – comprenant notamment la salle de
bains ou la salle d'eau – négligée, petite et souvent
en mauvais état. Il est facile d'en déduire alors que
– pour certains Français plutôt aisés – l'apparence
compte plus que la propreté et l'image plus que la
réalité.

Au cours de cette longue période de vie passée en
France, j'ai accumulé une certaine expérience en
matière de salles de bains de toute nature, mais je
n'ai presque jamais vu un bidet. Pourtant les
Français sont les inventeurs de cet objet, entré au
XVIIe siècle dans le mobilier à la parisienne. Avant
que l'eau courante n'arrive dans les appartements, il
s'agissait d'une petite vasque métallique, utilisée
dans la chambre à coucher et qui bizarrement
ressemblait à un cheval. Le *Dictionnaire de la
langue française* d'Émile Littré le décrit ainsi :
« BIDET. Cheval ordinairement de petite taille. [...]
Meuble de garde-robe dans lequel est enfermée une

cuvette longue sur laquelle on peut s'asseoir à califourchon[1]. » Pudiquement, il n'est donné aucune
explication quant à la raison pour laquelle on devait
« s'asseoir à califourchon » sur cette « cuvette
longue ». Un peu comme les enfants le font sur leur
cheval à bascule. Drôle de jeu pour adultes. Pour
une bonne partie des habitants de la Terre – des
Argentins aux Espagnols, des Italiens aux
Japonais –, le bidet est absolument normal et même
indispensable à l'hygiène de la personne. Pour les
Français du XXIᵉ siècle, il n'en est rien. Les Italiens,
qui sont parmi les premiers acheteurs d'appartements à Paris, ont pris l'habitude de faire immédiatement des travaux pour introduire leur bidet bien-
aimé dans la salle de bains de leur nouvelle
acquisition. Les architectes parisiens le savent. L'un
d'eux, spécialisé dans la restructuration d'intérieurs,
m'a avoué avec un sourire : « Dès que je vois un
Italien ou un Espagnol, je réserve un bidet. »

Les femmes italiennes détestent une habitude du
mâle français, celle de porter des chaussettes
courtes, qui s'arrêtent à la cheville. À la limite, est
toléré le fait de ne pas en porter du tout (en été),
mais en porter des courtes est sacrilège. La chaus-

---

1. Émile Littré, *Dictionnaire de la langue française*, Librairie
Hachette, 1886.

sette à la cheville (qui parfois est même d'une horrible couleur claire) laisse entrevoir une peau riche en poils sur les muscles *soleus* et *tibialis anterior*. La dernière scène du délicieux film américain *Rendez-vous* (1940) montre un tout jeune James Stewart levant son pantalon et montrant à la femme aimée ses chaussettes hautes, tenues grâce à la version masculine du porte-jarretelles ! L'écrivain italien Vittorio Beonio Brocchieri aimait dire que l'élégance de l'homme se voit à la partie inférieure de ses jambes, aux chaussures et aux chaussettes donc. Parfois, dans le métro et dans le bus, je m'amuse à regarder – avec une discrétion toute compréhensible – ces parties du corps d'autrui. Il n'y a pas de quoi pavoiser.

Autre paradoxe au carrefour de la politique et de l'élégance dans un pays où les êtres humains de sexe masculin ne porte que peu d'attention à leurs jambes, en 1992, les chaussettes ont été utilisées comme instruments de torture du Premier ministre de l'époque Pierre Bérégovoy. « Bérégovoy n'a pas changé, regardez ses costumes, regardez ses chaussettes », avait affirmé l'élégant Pierre Joxe pour dire qu'une personne habillée de façon si simple n'aurait pu arriver à concevoir de diaboliques plans de corruption. Rarement une gaffe n'a été aussi cruelle.

Nicolas Sarkozy porte des chaussettes hautes et c'est la seule chose qu'il a en commun avec Dominique de Villepin. Il les portait déjà, sans doute, au dîner historique du 13 novembre 2007 chez Jacques Séguéla, où il rencontra Carla Bruni. Jamais une femme italienne n'aurait pu être séduite par un homme aux chaussettes courtes, et on ne sait pas quelle aurait été l'histoire de la France et de l'Europe si M. le Président avait été habillé comme la plupart de ses électeurs. Carla aurait regardé ailleurs. Ou non ? Peut-être qu'elle aurait troqué sa religion de l'élégance contre le pouvoir. Si Paris vaut bien une messe, il peut valoir d'autres conversions.

La galanterie française

Je prends l'édition de 1855 du *Dictionnaire de la conversation et de la lecture*. Je vais à l'entrée « Galanterie » et je commence à lire : « Vieux mot français qui exprimait autrefois une politesse à l'égard des femmes, si attentive, si exquise, qu'il eût été possible de la confondre avec l'amour, dont elle empruntait les formes, si l'amour ne réservait pas à un seul objet des sentiments dont la galanterie n'a que l'apparence. » Définition délicieuse. La même source parle de la galanterie à la française en disant que ce concept peut s'appliquer au « libertinage ». Voilà une magnifique certitude à la fois claire et ambiguë : les Français se considèrent comme « galants », c'est-à-dire coutumiers des bonnes manières, et ils voient dans cette attitude un moyen pour avoir une vie sentimentale (entendez, sexuelle) très active, avec une multitude de partenaires. « Galanterie » est le mot magique, capable de trans-former un comportement suspect en un autre parfaitement acceptable, de métamorphoser le libertinage en romantisme, une attitude à l'apparence louche en pain béni sur la route du plaisir.

Quant aux bonnes manières en général, la situation s'est dégradée partout. La France du président qui dit « Casse-toi, pauv'con ! » n'est pas spécialement différente de l'Italie d'un chef de gouvernement faisant – lors de la photo de famille d'un sommet européen – le signe des cornes, avec les doigts de sa main droite, sur la tête de son voisin...

Mieux vaut revenir à la connotation sexuelle du terme « galanterie ». Sur le terrain des relations libertines, la France garde encore aujourd'hui son prestige et son image planétaire de pays très permissif. De Françoise Sagan à Catherine Millet, la littérature française a su gérer à merveille les livres qui stimulent la force de séduction nationale et le charme du pays en termes de transgression. Pourtant la vie quotidienne française au XXIe siècle ne paraît pas trop correspondre au mythe d'une « galanterie » aux conséquences volcaniques et pétillantes en termes de libertinage.

La vraie certitude est que – à ce moment précis de notre histoire commune – les Français font plus d'enfants que les autres Européens. La fausse est qu'ils sont « hors catégorie » quant à la liberté des mœurs, au dynamisme sexuel et surtout au goût pour l'érotisme. Selon un sondage publié le

24 novembre 2008 par *Le Parisien*, les Français sont apparemment satisfaits (ou ils ne se font plus d'illusions) en ce qui concerne l'amour. À la question « Personnellement, quelles sont les choses que vous aimeriez avoir pour être plus heureux qu'aujourd'hui ? », 52 % répondent : « Plus d'argent » et seulement 11 % « Plus d'amour ».

En regardant une panoplie de sondages, on trouve souvent chez les Français une réponse récurrente : une majorité d'hommes et de femmes disent faire l'amour une fois par semaine (certains ajoutent « au moins »). Mais, si on peut faire confiance à ce genre d'études, on arrive à la conclusion que les habitudes françaises ne présentent pas une différence substantielle par rapport à celles des voisins.

En France, on a parfois l'impression que le boom de la télévision a réduit les rythmes sexuels du couple marié. Cela a même donné lieu à une vieille plaisanterie. À la question : « Savez-vous quel est le meilleur contraceptif ? » Réponse : « Un débat politique à la télé. Tu t'endors et tchao. » Pourtant ce n'est pas vrai. Un sondage Ipsos de 2005 affirme que presque la moitié (45 %) des Français avoue avoir déjà fait l'amour devant la télévision, en particulier parce que les programmes étaient ennuyeux. Selon les mauvaises langues, l'Élysée a voulu la réforme de l'audiovisuel public pour favoriser les chaînes privées. Voilà un démenti clair, net et cuisant à cette thèse : l'Élysée veut la réforme de l'audiovisuel public (avec, si possible, à l'antenne de France 2 et France 3 des documentaires chinois sur la culture de la soie au Moyen Âge et japonais sur la préparation correcte d'un ikebana, les deux évidemment en langue originale) pour pousser les Français à s'aimer les uns les autres. Le plaisir du peuple fait le bonheur des institutions et de ceux qui les représentent.

De plus, en temps de difficultés économiques, la recherche du plaisir peut pousser à la consommation, au commerce et en général à l'augmentation du PIB. Les statistiques affirment que les *sex toys* ont une part de marché très faible en France. Quant au secteur de la lingerie, son pouvoir de séduction économique est presque égal à son charme dans la vie quotidienne. Surtout pour la France, qui a dans la mode une source fondamentale de prospérité. *Le Figaro* publie d'ailleurs le commentaire suivant, sous la photo d'un très gracieux mannequin assez peu habillé : « La culotte, une valeur montante [1]. » Une valeur qui monte et qui peut aussi baisser. Heureusement.

---

1. 3 décembre 2008.

Carla Bruni est une chanteuse

Voici deux scènes proposées par la chaîne de télévision américaine CBS à un an d'intervalle. Scène numéro un : le 28 octobre 2007, les téléspectateurs peuvent voir Nicolas Sarkozy quitter, furieux, le plateau de l'émission « 60 minutes ». Lors d'une interview, réalisée à l'Élysée deux semaines avant l'annonce de son divorce, « mister President » a laissé en plan la journaliste américaine Lesley Stahl, coupable de lui avoir posé une question sur sa vie privée. « Si j'avais quelque chose à dire sur Cécilia, je ne le ferais certainement pas ici », déclare Sarkozy avant de planter Lesley avec un : « Allez, au revoir. Bon courage. » Quelle gaffe !

Scène numéro deux : le 18 novembre 2008, le célébrissime David Letterman reçoit dans son show sur CBS (le « Late Show ») Carla Bruni-Sarkozy, qui fait l'apologie de son mari, en expliquant qu'elle l'a connu lors d'un dîner parisien. « It was love at first sight », dit-elle, le coup de foudre entre eux. Et

David Letterman de commenter en français : « Très romantique. » Elle sourit, comme si de rien n'était.

Entre ces deux scènes – la première catastrophique et la deuxième triomphale pour la communication élyséenne – il y a l'arrivée de Carla Bruni au sommet du pouvoir français. Un événement qui a fait la différence. Malgré les moqueries de certains, Carla n'est pas un « objet » de décoration de l'Élysée, mais une protagoniste à part entière de la vie politique et institutionnelle nationale. L'Italienne – qui a rencontré le président Sarkozy le 13 novembre 2007 grâce à la « force tranquille » de Jacques Séguéla, qui s'est montrée pour la première fois avec lui en public le 15 décembre à Disneyland Paris, et qui est devenue son épouse le 2 février 2008 après une courte cérémonie dans le palais présidentiel – n'a rien à voir avec l'idée traditionnelle de « *first lady* à la française ».

La différence entre Carla et les autres premières dames crève les yeux. Même par rapport à celles qui avaient montré un certain esprit indépendant et dynamique. L'idée d'un thé dans la jungle avec le « subcomandante » Marcos peut séduire Danielle Mitterrand, mais laisse totalement indifférente Carla Bruni (sauf s'il y a un important avantage politique pour la cause de son mari, et un thé dans le désert avec un cheik d'Arabie saoudite serait davantage apprécié). Le 18 janvier 2009, Carla Bruni a participé à l'émission « Che tempo che fa », sur la troisième chaîne de la Rai, la télévision publique italienne. Elle a chanté et a donné ensuite (à un animateur totalement sous le charme) une interview : « Je trouve, dit-elle, que la politique s'occupe de façon très courageuse de nos existences. Mon mari est en train de changer bien des choses. Un jour les Français s'en apercevront et le remercieront ! »

Carla Bruni dispose d'une arme fatale : le fait que les médias du monde entier (avec peut-être comme seule exception la Corée du Nord) salivent sur sa beauté et sur sa vie privée. « Le mariage, avec Nicolas, c'est plein d'aventures ! » s'enthousiasme-t-elle face à la journaliste américaine Barbara Walters, qui l'interviewe pour la chaîne télé ABC. Si c'est pour la bonne cause – paraître sympathique à l'opinion publique des deux côtés de l'Atlantique –, des sujets pimentés peuvent bien être abordés. Barbara veut savoir si une phrase de sa chanson « Une enfant » (« Je suis une enfant/Malgré mes quarante ans/Malgré mes trente amants ») est le fruit d'un calcul objectif. Réponse : « Je n'ai pas compté mes amants. » C'est la Berezina des mathématiques face aux sentiments. TF1 rachète immédiatement les droits de l'interview, proposée en

France le 30 août 2008 dans l'émission « 50 minutes Inside » ; et Carla continue de nourrir son mythe grâce au désir populaire de tout savoir sur elle (à commencer par ses relations avec Eric Clapton et Mick Jagger...). Si le peuple manque de pain, donnez-lui des ragots. C'est moins cher que les brioches, ça ne fait pas grossir et ça marche presque à tous les coups.

Carla Bruni a compris le point politiquement faible de son mari – la gestion de sa propre image dans les moments à haute tension, quand il est pris par l'envie de dire à tout le monde : « Casse-toi, pauv'con ! » – et elle a commencé à prendre part directement, comme protagoniste, à cette grande représentation théâtrale qu'est l'exercice du pouvoir.

La vie politique de très haut niveau est une source gigantesque de stress. Les gaffes peuvent toujours fleurir dans la bouche des leaders du G8. Mais les sept autres n'ont pas à leur côté une personne capable de trouver tout de suite une façon de donner une image agréable et séduisante (dans la limite du possible) du pouvoir en place. Les sept autres ont à leur côté des partenaires de vie. Nicolas Sarkozy vit avec une partenaire politique. Partenaire pragmatique, hautement professionnelle dans la gestion de l'image et toujours (ou presque) utile dans l'affirmation des intérêts du couple présidentiel.

Fin mars 2008, le grand succès politique de la visite officielle de Nicolas Sarkozy à Londres (avec déjeuner royal au château de Windsor et discours au Parlement) a été dû, en bonne partie, à la curiosité des autorités britanniques, reine comprise, pour la « première dame » des Français, qui a su exploiter à merveille cette situation favorable, en transformant la curiosité d'un instant en fascination durable. Août 2008, le Président est très gêné à cause de la visite en France du Dalaï-lama à un moment où les relations avec la Chine sont sensibles. Solution à ce problème diplomatique : Carla Bruni ressort son meilleur sourire bouddhiste et s'habille à la tibétaine pour accompagner le Dalaï-lama dans une promenade zen. Le récit du *Figaro* frôle le lyrisme politique : « Le Dalaï-lama l'attendait sous une pluie battante. L'épouse du président de la République française, Carla Bruni-Sarkozy, s'est rendue vendredi matin au temple bouddhiste de Lérab Ling à Roqueredonde dans l'Hérault pour rencontrer le chef spirituel tibétain. Dès leur arrivée au temple, le Dalaï-Lama et son invitée, bravant la pluie, ont effectué une procession autour de l'édifice. Le chef spirituel, vêtu de l'habit et d'une coiffe traditionnels, a ensuite passé autour du cou de Carla Bruni-Sarkozy la *kata*, la traditionnelle écharpe blanche portée en signe de bienvenue au Tibet. La première dame, vêtue d'une robe bleu marine et chaussée de sandales mauves, a répondu à ce geste en joignant un moment ses mains en signe de respect. Puis ils ont défait le nœud d'un ruban sur la porte centrale du temple de Lérab Ling, inaugurant officiellement ce lieu. Situé à soixante-dix kilomètres au nord de Montpellier, sur le plateau du Larzac, ce temple est le plus grand d'Europe. »

Décembre 2008, Carla Bruni fête ses quarante et un ans, au Brésil, à l'occasion du voyage officiel de son mari chez le camarade président Lula, qui semble heureux comme un enfant au moment de la rencontrer. Résultat, la France vend au Brésil cinq sous-marins, dont un nucléaire, plus une quantité industrielle d'avions militaires, d'hélicoptères et autres armements. Un sourire vaut bien un contrat. Généreusement, Carla Bruni donne une nouvelle interview à un magazine people. La voilà expliquant pour la énième fois, en portugais : « Je ne peux plus séduire parce que j'aime mon mari. Je ne veux pas lui faire de mal. » Des mots qui auraient pu aussi être prononcés par Bernadette Chirac, mais qui, sur les lèvres de Carla, ont une saveur différente. À propos de ses soirées à l'Élysée, Carla précise : « Nous sommes de jeunes mariés. Nous ne disons pas grand-chose, nous avons les baisers. »

L'activité politique de Carla Bruni est inépuisable... À l'exception d'Angela Merkel, il est rare de trouver une personnalité politique étrangère qui ne rêve pas de rencontrer Carla Bruni lors de son voyage en France. Quand Sarkozy annonce à un chef d'État – surtout s'il est asiatique, américain ou africain – qu'il ira lui rendre visite sans Carla, l'intéressé est souvent déçu. Les mauvaises langues disent que certains viennent en France pour connaître Carla Bruni plus que pour entendre à l'Élysée des discours qu'ils ont déjà entendus. Au passage, ils peuvent bien acheter des Airbus ou des missiles.

La conférence de presse la plus bondée à laquelle j'aie assisté à l'Élysée s'est tenue le 8 janvier 2008. Une armée de six cents journalistes, avec une impressionnante quantité de caméras, était présente au Château pour la conférence de presse de début d'année de Nicolas Sarkozy. C'était son premier « jour de l'an » à l'Élysée, et il avait supprimé la traditionnelle réception avec la presse, chère à ses prédécesseurs. C'est ça, la rupture... Il se disait prêt à répondre à toutes les questions des médias, qui de leur côté ne voulaient en poser qu'une seule, résumée en un prénom féminin : Carla ? Si une pareille foule de journalistes était présente à l'Élysée, ce n'était ni pour assister à une scénographie digne de Napoléon III (conseillers présidentiels assis d'un côté, ministres de l'autre, foule de journalistes au milieu) ni pour écouter l'annonce sensationnelle de la future disparition de la pub des chaînes de la télévision publique. La raison d'un intérêt planétaire pour la France s'appelait Carla. Sarkozy le savait parfaitement. Ainsi, il a livré son secret à la presse du monde entier, en la priant de ne le dire à personne : « Carla et moi, c'est du sérieux ! » Ouf, on est tranquille, avec un début comme ça, 2008 ne pouvait certainement pas être une année de crise !

Rien dans le comportement de Carla Bruni-Sarkozy n'est décidé au hasard. Tout a un sens, et se fonde sur les intérêts politiques de l'Élysée et (selon l'Élysée) de la République. Si au Parlement des voix s'élèvent pour que soient effectués des contrôles ADN sur les immigrés, Mme Sarkozy prend position en sens contraire. Ainsi, elle arrive à balancer le rôle des « faucons » d'un certain « sarkozysme de droite ». D'un côté, il faut attraper les voix du Front national, et de l'autre, il faut empêcher les contrecoups dans l'électorat progressiste. Mais tous font partie de la même équipe.

Dans ce contexte, affirmer que Carla Gilberta Bruni Tedeschi – née à Turin, au Piémont, le 23 décembre 1967 – est une « chanteuse » constitue une évidente falsification de la réalité. Bien sûr elle a sorti à la mi-2008 un CD, *Comme si de rien n'était,* qui, selon *Le Figaro*, « révèle la maturité d'écriture et d'interprétation d'une chanteuse désormais hors normes [1] » et qui probablement ne laissera pas grande trace dans l'histoire de la musique (à la différence du précédent disque de Carla, qui était sans doute plus intéressant). Comme si elle était consciente d'être désormais une femme politique – et pas une chanteuse –, Carla Bruni a fait don des royalties – 238 000 euros – de son dernier album à la Fondation de France. C'est une somme beaucoup moins importante que celle que Carla Bruni a obtenue grâce à son premier album. Quand elle était une chanteuse, elle gardait pour elle les revenus de ses prestations publiques.

Les Italiens aiment « la Bruni ». Ils sont fiers d'elle et la surnomment « la femme la plus belle du monde ». Le 29 novembre 2008, le « Télématin » italien, sur les ondes de la Rai, a proposé une interview au correspondant du *Monde* à Rome, Philippe Ridet, appelé à illustrer les triomphes de Carla à la cour de France. L'animateur de l'émission écoute le journaliste et conclut avec un beau sourire : « Je crois que pour avoir un rendez-vous avec Sarkozy, il faut le demander à Carla. » Il ne croyait pas si bien dire. Dans son numéro du 18 décembre 2008, le journal *Le*

---

1. 30 juin 2008.

Point évoque une « rencontre discrète à l'Élysée », le 31 octobre 2008, entre Nicolas Sarkozy et Fred Vargas, engagée dans le soutien à Cesare Battisti (l'ex-chef du groupe Prolétaires armés pour le communisme [PAC], condamné en Italie pour meurtre). Battisti était alors en prison au Brésil, à la suite de la demande italienne d'extradition. Le 15 janvier 2009, Mᵉ Éric Turcon, avocat français de Battisti, affirme : « Le président de la République a longuement reçu Fred Vargas à l'Élysée. Il a écouté ses arguments et accepté d'intercéder auprès du secrétaire national de la justice brésilienne pour qu'elle soit reçue à Brasilia. Si Nicolas Sarkozy a aidé à la tenue d'une telle rencontre, c'est pour des raisons humanitaires. » Interrogé pour savoir si Carla Bruni-Sarkozy avait « facilité cette rencontre », Mᵉ Turcon répond : « Oui. Elle apprécie beaucoup Mme Vargas et son œuvre. C'est bien grâce à elle que Mme Vargas a été reçue à la présidence de la République. »

Pourtant Carla Bruni dit – lors de son interview du 25 janvier 2009 sur les ondes de la Rai : « Je n'ai eu aucun rôle dans cette histoire. Absolument jamais. J'ai été très surprise du fait que les médias italiens puissent penser que j'ai eu un rôle dans cette chose. Cette chose – l'extradition ou la non-extradition de Battisti – regarde le gouvernement brésilien. Je ne me permettrais jamais. Avant tout, je n'en ai pas l'idéologie. Je n'ai jamais voulu défendre Cesare Battisti. Ça ne me vient même pas à l'esprit. Je suis heureuse de pouvoir le dire aux Italiens. Aussi aux victimes du terrorisme des années de plomb. Je ne l'ai pas fait et je ne le ferais jamais. C'est très déplacé, comme on dit en France. Jamais l'épouse d'un président de la République ne pourrait aller parler au président brésilien pour une chose qui, en plus, ne regarde pas la France. J'ai trouvé ça presque une calomnie. Oui, pour moi ça a été une calomnie [1]. »

Très habilement, Carla Bruni se scandalise pour l'hypothèse (effectivement farfelue) selon laquelle elle aurait parlé de Battisti au président Lula, mais elle ne répond pas à l'argument « certifié » par l'avocat de Battisti : avoir favorisé le rendez-vous du 31 octobre 2008 entre Nicolas Sarkozy et Fred

---

1. Le sujet est délicat, je retranscris donc ici le texte original en italien : « Io non ho avuto nessun ruolo in questa vicenda. Assolutamente mai. Sono molto sorpresa che i media italiani possano pensare che io ho avuto un ruolo in questa cosa. Questa cosa, l'estradizione o la non estradizione di Battisti, è una cosa del governo brasiliano. Io non mi permetterei mai. Prima di tutto non ne ho l'ideologia. Non ho mai voluto difendere Cesare Battisti. Non mi viene neanche in mente. Sono contenta di poterlo dire agli Italiani. Anche alle vittime del terrorismo degli anni di piombo. Non l'ho mai fatto e non lo farei mai. E poi è molto déplacé, come si dice in Francia. Mai la moglie di un presidente della Repubblica potrebbe andare a parlare al presidente brasiliano per una cosa che non c'entra neanche con la Francia. L'ho trovato quasi una calunnia. Si, per me è stata una calunnia. »

Vargas, utilisé par cette dernière dans sa « diplomatie » brésilienne. Mme Bruni a, entre autres, l'habileté extraordinaire d'aider son mari en privant l'opposition de gauche d'une série d'arguments de propagande ou de communication : en 2004, le premier secrétaire socialiste François Hollande avait été à la Santé pour rendre visite à Cesare Battisti juste après son incarcération, tandis qu'en 2008-2009 la presse de gauche, au moment où Mᵉ Turcon rendait hommage au président et à la première dame, a préféré ignorer (ou presque) ce sujet. Une arme de moins pour les ennemis de l'Élysée.

Mais plus la première dame s'engage personnellement et plus elle court le risque de se contredire. Dans l'interview du 18 novembre au « Late Show » de CBS, elle dit à David Letterman : « I'm just French » (« Je suis seulement française »). Dans celle du 25 janvier à la Rai elle dit : « Jusqu'à il y a six mois j'étais complètement italienne. Maintenant je suis italo-française, j'ai la double nationalité. » Une première dame engagée dans la vie institutionnelle est une réalité formidable et sans doute Carla Bruni-Sarkozy mérite notre admiration pour certaines de ses initiatives (comme la lutte contre le sida, qui par exemple l'a vue, en février 2009, en voyage en Afrique). Encore faut-il apprendre à dire toujours la même chose.

Les hommes (français)
préfèrent les blondes

L'inoubliable film de Howard Hawks, sorti en 1953, *Les hommes préfèrent les blondes* (*Gentlemen Prefer Blondes*) lançait dans le monde entier une blonde pas comme les autres, Marilyn Monroe. Le film est américain, mais l'idée reçue selon laquelle « les hommes préfèrent les blondes » est bien enracinée en Europe et en France. Et pourtant les directeurs des grands magazines connaissent celle qu'un confrère du journal *Marianne* appelle « La malédiction de la blonde ». Chaque fois qu'on met une femme blonde à la une, les ventes baissent sans aucune raison apparente. Peut-être que la raison existe, la beauté de la blonde – en soi indiscutable – est considérée par l'homme français comme plus froide et plus distante de lui. L'image d'une blonde fonctionne mieux à la une d'un magazine féminin. Bref, en France, ce sont plutôt les femmes qui préfèrent les blondes.

Fin 2005, Ipsos a réalisé une enquête sur cet argument, sollicitée par l'émission de télévision « Ça se discute » présentée par la star du « service public », Jean-Luc Delarue. Pour le mâle français, la femme idéale est brune et pulpeuse, style Monica Bellucci. Le pourcentage des hommes français qui préfèrent les brunes est écrasant : 56 %, et ce chiffre monte à 60 % chez les mâles français de moins de trente-cinq ans. La « Berezina blonde » est totale : seuls 28 % des hommes français voient en elle leur type de femme idéal. Enfin, les institutions compétentes dans la lutte contre les discriminations pourraient bien réfléchir sur le fait que seulement 6 % des hommes français préfèrent les femmes rousses !

Le même sondage d'opinion montre que, parmi les femmes françaises, elles sont 58 % à penser que leurs compatriotes de sexe masculin préfèrent les blondes et seulement 31 % les brunes. Quelle confusion entre les perceptions réciproques des Français et des Françaises ! D'où de sérieux malentendus qui font de la teinture blonde la teinture la plus vendue en France, et même dans le monde entier. En prenant une idée reçue pour un dogme, bien des femmes brunes changent la couleur de leurs cheveux dans l'espoir d'augmenter leur pouvoir d'attraction. Erreur !

J'ai l'impression que l'attitude vis-à-vis des blondes présente un brin de schizophrénie. D'un côté, bien des femmes voudraient être comme elles, et pour cette raison changent la couleur de leurs cheveux. De l'autre, il existe des centaines de blagues absurdes les présentant comme décérébrées, et ce partout dans le monde. Aux États-Unis, les femmes blondes, qui représentent comme en Europe une minorité de la population, sont particulièrement présentes surtout dans deux catégories de magazines : la presse féminine et les journaux style *Playboy*. Pourtant, il n'y a pas de lapins blonds.

Le Parlement est la représentation du peuple

L'affirmation selon laquelle le Parlement, c'est-à-dire la « représentation nationale », représente le peuple, frôle la lapalissade. Mais si on y réfléchit, on peut même dire qu'elle frôle l'utopie. Dans tous nos pays, il y a une différence évidente entre la composition de la société – où les femmes portent la moitié du ciel (même plus) – et celle des assemblées parlementaires. Surtout dans l'Europe du Sud (sans sous-estimer les grands pas en avant de l'Espagne), la politique demeure machiste, à droite et à gauche. « Il est plus facile pour un chameau de passer par le chas d'une aiguille que pour une femme d'être élue à l'Élysée », dit un proverbe populaire du 8e arrondissement de Paris. Sans déranger les chameaux, il est certainement plus facile pour un président de la République française d'imposer un gouvernement à moitié féminin (ou presque) que d'imposer à son propre parti le choix de femmes pour les meilleures candidatures électorales.

Quant au Parlement français, il a attendu 1965 (après Jésus-Christ !) pour voter une loi donnant aux femmes mariées la possibilité de travailler et celle d'ouvrir un compte bancaire sans l'autorisation du mari. Le même texte précise cependant que « le choix de la résidence de la famille appartient au mari ».

La situation française est encore plus compliquée que celle de plusieurs autres pays européens. Dans la société réelle il y a plein de jeunes, de femmes et de personnes « issues de l'immigration ». Au Parlement, l'addition de ces trois catégories d'êtres humains (en évitant de calculer deux ou trois fois la même personne) ne correspond qu'à une faible minorité de la « représentation nationale ». L'actuel président du Sénat, Gérard Larcher, né en 1949, a quitté son métier de vétérinaire en 1986 pour son premier mandat au palais Médicis, où il est devenu le sénateur le plus jeune de l'hémicycle. Il avait trente-sept ans. Dans la société réelle, il y a ceux qui prennent leur retraite à une quarantaine d'années. En politique, ils sont parfois considérés comme des bébés.

Le décalage entre la composition de la société et celle du Parlement est, dans une certaine limite, une chose absolument logique. Sinon on ferait le « Parlement des corporations », typique des régimes autoritaires. Pourtant on peut rester perplexe devant la composition du Parlement démocratique français. Perplexité en partie dérivée de celle qu'on peut légitimement nourrir au sujet de la physiologie des partis politiques, ayant le pouvoir réel de choisir les candidats au Parlement et donc les membres de ce dernier. La hiérarchie des partis politiques dispose d'un pouvoir énorme et agit avec un certain manque de transparence.

Il y a trois raisons pour lesquelles ce phénomène – présent dans toutes les démocraties – est aujourd'hui plus grave en France qu'ailleurs : 1) l'absence de toute forme de vote « de préférence », c'est-à-dire le vote au candidat, à l'occasion des élections à la proportionnelle ; 2) l'absence (sauf exceptions) de primaires dans le cas des élections avec le système majoritaire) ; 3) la différence impressionnante entre le nombre d'habitants et le nombre de membres des partis politiques. On pourrait ajouter le fait que, dans un système présidentiel, il est naturel que l'attention de l'opinion publique se focalise sur l'Élysée plutôt que sur les partis, qui se croient ainsi plus libres d'agir comme ils veulent dans leur vie intérieure.

Prenons l'exemple des élections qui se déroulent à la proportionnelle, comme c'est le cas en France pour les régionales et les européennes. Dans certains pays, l'électeur peut manifester sa préférence, outre pour tel ou tel parti, pour tel ou tel candidat. En France, le parti est absolument souverain. S'il y a quatre places gagnées, les élus seront forcément ceux que le parti a choisis pour les quatre premières positions. Prenons maintenant le cas des législatives, avec le système majoritaire « à la française ». Le choix des deux partis majeurs est essentiel et les autres formations politiques ne peuvent qu'espérer une alliance avec eux. La société est une mosaïque assez compliquée (parfois belle à regarder, parfois moins) de sensibilités et d'opinions, mais le Parlement a tendance à être en noir et blanc, expression substantielle de seulement deux partis. L'UMP et le PS dominent la vie politique nationale de façon presque outrageante, en essayant systématiquement de réduire les autres formations politiques au rôle de satellites ou d'ectoplasmes.

La preuve du pouvoir dont les partis disposent dans la France actuelle est donnée par le comportement de Nicolas Sarkozy. Le président a opportunément choisi de passer par la conquête de son parti dans le but d'escalader la montagne Élysée. Ensuite – bien que devenu timonier du bateau France et représentant du peuple tout entier – il a prêté une attention extrême aux équilibres internes à l'UMP, en s'assurant que ce parti soit dans les mains d'amis à souveraineté limitée ou à fidélité garantie. « La ligne politique, c'est le mouvement derrière Nicolas Sarkozy », dit le 25 janvier 2009 Nathalie Kosciusko-Morizet.

Le poids des deux partis politiques fondamentaux n'est pas seulement énorme. Il grandit. Et c'est là que le bât blesse. Ces partis comptent de plus en plus dans les institutions démocratiques tandis que l'opacité de leur vie intérieure ne diminue pas. Ils se comportent comme s'ils n'avaient de comptes à rendre à personne (ou presque). Parfois cette opacité augmente, comme dans le cas regrettable des inscriptions « à la sauvette », réalisées par ordinateur. Même procédé que pour l'achat d'un billet ferroviaire à tarif réduit. Formule week-end : séjour tout compris sur la planète des bons gaullistes ou sur celle des purs socialistes, avec au passage le vote pour un candidat présidentiel ou pour un possible secrétaire général du parti. Ensuite certaines âmes candides de la presse française s'étonnent quand – avant un congrès du PS ou de l'UMP – les fédérations votent en bloc (ou presque) pour la même motion, en montrant une absence évidente de débat démocratique et de pluralisme à la base. On l'a vu dans certaines situations à la veille du congrès socialiste de novembre 2008 à Reims : tous ensemble derrière la motion soutenue par le camarade premier fédéral. *Cujus regio, ejus religio*, « Telle la religion du prince, telle celle du pays ».

Il y a combien de vrais membres à l'UMP et au PS ? Personne ne le sait avec certitude. En 2009, l'UMP revendique « près de 400 000 adhérents », mais un ministre de ce parti me parle de chiffres bien inférieurs. Au moment des présidentielles de 2007 le parti serait arrivé à 350 000 membres pour baisser ensuite de façon sensible. Fin 2002, au moment de sa naissance (à la suite de la fusion RPR-UDF), l'UMP revendiquait 159 000 adhérents. Ensuite on a commencé avec le prosélytisme sans contrôle, en acceptant entre autres les inscriptions via Internet. Ainsi on serait arrivé l'espace d'un matin à atteindre le niveau des 350 000 membres. Mais le chiffre des vrais membres de l'UMP ne passe probablement pas la limite de 250 000. Certains disent que le vrai chiffre du nombre de militants est toujours le même : 150 000.

Avant la saison électorale, terminée par les présidentielles et les législatives du printemps 2007, la Parti socialiste avait – selon ce qu'a dit à l'époque Michel Rocard – une centaine de milliers de membres au jour de leurs cotisations. Difficile d'imaginer que les vrais membres du PS étaient à ce moment plus de 130 000. Ensuite il y a eu l'ébullition présidentielle, avec la campagne des inscriptions via Internet et à tarif réduit, qui ne donnait pas de véritables possibilités de contrôle sur les nouveaux membres. Ainsi le PS a affirmé avoir dépassé le niveau des 300 000 membres. Le 6 novembre 2008, jour du vote sur les six motions dans la perspective du congrès de Reims, le PS déclare avoir 233 000 membres, mais seulement 132 000 participent au vote. En conclusion, si on laisse tomber les militants « via Internet » et les autres formes de propagande préélectorale, il y a probablement une certaine continuité substantielle dans les chiffres : la base de la politique française est représentée par 200 000 membres de l'UMP et 150 000 du PS. Un ensemble de 350 000 (peut-être 400 000) personnes, qui sont en grande partie titulaires (ou conjointes d'un titulaire) d'un mandat électif : la France a 36 000 communes, plus les départements, les régions, le Parlement national, le Parlement européen et l'Élysée. Un tissu connectif de 400 000 personnes anime et domine la vie institutionnelle d'un pays de 64 millions d'âmes (avec les corps qui vont avec et qui ont plein d'exigences). Presque 1 Français sur 200. Ça frôle l'oligarchie.

Le référendum est l'expression directe de la souveraineté nationale

Il existe dans le langage politique de chaque pays un mot latin, qui a en réalité des significations très différentes d'un État à l'autre : référendum. En France, il s'agit d'un instrument politique très particulier, à la disposition du pouvoir. Dans d'autres pays, comme l'Italie, le référendum est une garantie démocratique et un instrument de contrôle du peuple sur le pouvoir du gouvernement et du Parlement. En Suisse, le référendum est inscrit dans la Constitution fédérale depuis 1848. Il peut être demandé par des électeurs (minimum 50 000 signatures) au sujet des décrets du Conseil fédéral ou des projets de loi en discussion au Parlement. En Espagne, il est tout simplement « consultatif », mais il peut avoir un poids déterminant comme cela s'est passé pour celui qui, en 2005 (avant le non français), a dit oui à la ratification du traité constitutionnel européen. En Allemagne, il n'existe pas au niveau fédéral. En Italie, le peuple peut avoir l'initiative d'un référendum, en vue d'abroger une loi votée par le Parlement et déjà entrée en vigueur. En France, le peuple ne peut pratiquement rien faire, sauf aller aux urnes quand le chef de l'État, dans la solitude de son pouvoir, décide de lui demander son avis.

Cette situation persiste malgré la réforme constitutionnelle voulue par Nicolas Sarkozy à la suite des réflexions de la « Commission Balladur ». Le texte voté par le Parlement en congrès à Versailles le 21 juillet 2008 prévoit des conditions presque impossibles pour imposer au pouvoir en place une consultation électorale de cette nature : signature d'un cinquième des députés et des sénateurs et surtout d'un dixième des électeurs. Qui peut penser obtenir la signature officielle (certifiée par des notaires) de plus de quatre millions de Français ? Cela frôle la science-fiction ! Pour continuer la comparaison avec l'Italie, dans la péninsule le référendum abrogatif implique la présence d'un demi-million de signatures authentifiées, mais il ne peut pas concerner des sujets fiscaux ou internationaux et il n'est pas valable sans une participation aux urnes de 50 % du corps électoral.

Le « référendum à la française » est une institution mêlée de façon inextricable et ambiguë à la personne du président de la République, c'est-à-dire avec la seule autorité en mesure de convoquer pareille consultation électorale. Ainsi le vote sur l'objet du référendum risque systématiquement de se confondre avec l'opinion du peuple sur le chef de l'État. En regardant l'histoire des consultations référendaires pendant les dernières décennies (quatre référendums depuis 1973), on voit qu'elles se divisent en deux catégories : les référendums « évidents », sans grand enjeu politique, et les référendums divisant fortement l'opinion publique. Les premiers ont eu des niveaux d'abstention incroyablement élevés : 63 % en 1988 (au sujet du statut de la Nouvelle-Calédonie) et 70 % en 2000 (au sujet de la réduction du mandat présidentiel de sept à cinq ans). Qui peut dire, sans l'ombre d'un sourire, que des référendums avec deux tiers d'abstentions (ou plus) sont à plein titre « l'expression directe de la souveraineté nationale » ? Disons que cela se discute.

Si on considère le dernier quart du XXe siècle et ce début du XXIe, il y a eu en France seulement deux cas de référendums disputés. Les deux ont eu pour objet la ratification de traités communautaires : le traité de Maastricht en septembre 1992 et le traité constitutionnel en mai 2005. Les deux ont été conditionnés par le jugement du peuple sur la personne du chef de l'État et sur sa politique. Dans le premier cas, François Mitterrand provoqua l'émotion des compatriotes en annonçant sa maladie : le 3 septembre, il défiait l'eurosceptique Philippe Séguin sur les écrans de télévision, le 11, il subissait une intervention chirurgicale, le 16, il faisait savoir (par un communiqué officiel) qu'il avait un cancer et le 20, il gagnait de justesse (51 % de oui, 49 % de non) un référendum où les abstentions n'étaient que de 30 %. En décidant en 2005 le référendum de ratification du traité constitutionnel, Jacques Chirac mit aussi sa personne et sa politique dans la balance. Il aurait dû se rappeler que trois ans plus tôt il avait été élu (contre Jean-Marie Le Pen) dans des conditions bien particulières. Le « non » des Français (55 % de non, 45 % de oui ; 31 % d'abstentions) fut aussi un non très clair à son égard. Ce fut aussi un non à sa politique. Mais l'addition a été payée par l'Europe.

Moralité : en France, un référendum peut intéresser très peu les électeurs ou il peut devenir (en bonne partie) un instrument pour juger le chef de l'État. Un référendum risque d'être peu significatif ou l'objet d'un « détournement ». Dans les deux cas, une certaine prudence serait probablement de mise avant qu'on exalte comme le *nec plus ultra* de la démocratie. Le premier à connaître parfaitement cette situation fut le fondateur de la Ve République, le général de Gaulle, qui a démissionné tout de suite après que le peuple a voté non à l'occasion du référendum de 1969. La question posée au peuple concernait, entre autres, la création des régions, choix qui a été accompli pendant les années 1980 sans donner lieu à aucun problème particulier (aujourd'hui les Français sont bien heureux d'avoir l'institution régionale, qui fonctionne plutôt bien et qui est un réel instrument de démocratie et d'équilibre des pouvoirs). Le non de 1969 a sans doute plus concerné la personne du chef de l'État que la création des régions. Le général de Gaulle connaissait mieux que tout autre la nature réelle du référendum à la française. Il savait qu'un non sur un certain sujet est aussi un non à la seule personne en mesure de convoquer le référendum. Un non au chef de l'État. C'est une façon de désavouer le patron d'une République qui se veut profondément présidentielle. Et alors il faut en tirer toutes les conséquences.

Les Français aiment la République
et détestent la monarchie

Les Français se considèrent officiellement très républicains, au point qu'ils parlent de « valeurs républicaines » pour indiquer des valeurs qui ailleurs s'identifient purement et simplement à la démocratie. C'est comme si la République donnait un sens à la démocratie, qui dans la mentalité française, marquée par la période révolutionnaire est moins facilement concevable dans un contexte institutionnel monarchique. La réalité est bien différente et les Français éprouvent parfois des sympathies bizarres par rapport à leur attitude officielle hyper républicaine.

François Mitterrand a publié en 1964 son livre *Le Coup d'État permanent* pour critiquer l'existence en France d'un chef de l'État tout-puissant. Devenu à son tour président, il a été surnommé tout simplement « Dieu » par ses concitoyens. Plus si tout-puissant que cela... *La Parole de Dieu* est le titre, amicalement ironique, du livre (dédicacé « à...

Dieu ») que Jacques Séguéla publie en 1995 au sujet de sa collaboration avec Mitterrand. Comme un prince, un roi ou un empereur, Mitterrand adorait laisser dans les formes de « sa » capitale les signes de son passage au sommet de l'État, et il n'aimait pas que ses choix soient soumis au jugement de trop de commissions techniques ou parlementaires. Les experts devaient réaliser ses souhaits, et les parlementaires devaient approuver l'allocation des fonds nécessaires. Heureusement, Mitterrand n'était pas Néron. Il était un prince plein d'intuitions parfois géniales. Ainsi, Paris a vu naître, notamment, la pyramide de Pei, le nouveau Louvre et l'opéra Bastille.

L'opinion publique a souvent été généreuse avec les princes-présidents qui dirigeaient l'Hexagone de façon quasi monarchique. Comme si l'homme de la rue, fier de son pays, avait besoin de voir ce dernier représenté par des personnages à la hauteur de leur pouvoir. Les Espagnols aiment une monarchie républicaine. Les Français adorent une République « monarchique ». Et le souvenir du cauchemar que représentaient les disputes de basse-cour de la IVe République, quand les gouvernements risquaient de tomber continuellement, est toujours vif. Le côté monarchique des institutions actuelles, qui (sauf en période de cohabitation) permettent pratiquement au chef de l'État de changer de Premier ministre, de ministres et de gouvernement quand bon lui semble, paraît plus stable et plus confortable. En 1991, Mitterrand se réveille un matin et vire d'un revers de la main un Premier ministre efficace comme Michel Rocard, substantiellement coupable de lui être antipathique. Un an plus tard, il est forcé de renvoyer Édith Cresson, qui est antipathique aux Français.

L'aspect « monarchique » existe dans les relations de l'État à l'institution judiciaire, à la police, aux services secrets, aux gardes du cardinal et aux mousquetaires, amis de la reine. Les services secrets ont été utilisés dans les années 1980 pour protéger la vie privée de François Mitterrand, locataire du Château. Son successeur, Jacques Chirac, a échappé à la curiosité des magistrats grâce à la protection de la Constitution, qui considère le résident du Château comme une personne au-dessus des lois (en Italie, cette situation a poussé le président du Conseil Silvio Berlusconi, qui s'est inspiré à l'institution républicaine-monarchique de l'immunité au moment de changer la loi à son avantage).

Quant à Nicolas Sarkozy, il est devenu la star de toute la presse people, qui a un fort penchant pour la monarchie. Il a offert à son peuple une reine de cœur AOC, la plus belle fille du royaume. Il était une fois un couple vivant au Château, qui était toujours présent dans la vie de ses 64 millions de compatriotes. Le 31 décembre 2008, l'année finissait avec Nicolas Ier sur toutes les chaînes de télévision, et le jour suivant, la nouvelle année commençait avec une heure et demie de film-documentaire sur la princesse Carla, à l'antenne de la principale chaîne publique. Un conte de fées. Le peuple veut rêver. Dans le même temps, une réforme de la télévision avait donné au Château le droit de nommer et aussi de révoquer le chef de la télévision publique. La presse mondiale, avide d'« amour, gloire et beauté », regarde avec une formidable et inoxydable attention ce que la presse française écrit au sujet de la famille « royale-présidentielle » française. Les journaux de la planète entière pensent – comme les commentateurs français – que les Sarkozy pourraient même devenir une dynastie et que le fief de Neuilly-sur-Seine pourrait faire cadeau à la République de l'expérience politique de Jean, fils aîné de son père.

En même temps, dans la ville de Paris, la pyramide de Pei et les autres « Grands Travaux » décidés par tous les anciens princes-présidents attirent presque autant de millions de touristes que le royaume voisin de la fantaisie, Disneyland Paris, à Marne-la-Vallée. La réalité rivalise avec l'imagination et la population est reconnaissante aux locataires du Château. Plusieurs ponts et palais de Paris portent la lettre N (comme Nicolas) gravée pour l'éternité dans la pierre et dans le marbre. De vieux ringards prétendent que cette lettre renvoie à un ou deux précédents monarques français, dont le nom commençait aussi par « N ». Quel manque d'imagination ! Certains ne savent vraiment pas se conformer à la dernière OPA sur le pouvoir royal des institutions républicaines.

La France, terre d'accueil

Un grand-père (sans papier en règle) arrêté par la police aux abords d'une école, où il attendait la sortie de son petit-fils. Un jeune tombant dans le vide pour fuir les agents qui le recherchent pour l'expulser du sol français. Une dame française s'immolant par le feu (comme les bonzes à l'époque de la guerre du Vietnam ou comme Jan Palach à Prague après l'invasion soviétique d'août 1968) pour dénoncer le risque d'expulsion de son compagnon hors de la République. Des scènes de cette nature se sont vérifiées après l'annonce du programme d'expulsions de sans-papiers établi par le candidat présidentiel (et ensuite président) Nicolas Sarkozy pour donner un signal de fermeté absolue contre l'immigration irrégulière et, peut-être surtout, pour éviter qu'une certaine partie de l'électorat puisse retrouver son vieux chemin vers le Front national (force politique ayant mis ouvertement le slogan « La France aux Français » à la place

157

de la vieille idée républicaine « La France, terre d'accueil »).

Comme on faisait en Union soviétique pour les objectifs de production d'acier et de céréales, l'Élysée et Matignon ont établi les niveaux minimums pour l'expulsion des sans-papiers : 25 000 en 2007 et 26 000 en 2008. Le premier objectif a été manqué de très peu, mais le deuxième a largement été dépassé : le 13 janvier 2009, le ministre de l'Immigration, de l'Intégration, de l'Identité nationale et du Développement solidaire, Brice Hortefeux, a parlé de 29 796 « éloignements » du sol de la France métropolitaine. Pour une large part, ce résultat, considéré comme « brillant », est la conséquence du rapatriement (théoriquement « volontaire », en réalité peut-être moins) de citoyens roumains (essentiellement des Roms) et bulgares, désormais membres de l'Union européenne. On a tout fait pour éloigner ces Roumains et ces Bulgares, mais on pourra difficilement empêcher leur retour, s'ils désirent remettre le pied dans l'Hexagone.

En 1986, l'opinion publique française réagissait avec inquiétude et consternation à la décision du ministre de l'Intérieur de l'époque, Charles Pasqua, d'expulser par avion les immigrés clandestins vers Bamako et d'autres capitales africaines. En moins d'un quart de siècle, la même opinion publique s'est habituée à l'emploi de méthodes musclées dans la lutte contre l'immigration clandestine. Parfois les médias prennent des positions critiques. Plus souvent, il est frappant de constater leur résignation face aux méthodes *borderline* employées dans la chasse aux irréguliers (méthodes rêvées, et parfois appliquées, en Italie par le ministre de l'Intérieur Roberto Maroni, appartenant à la Ligue du Nord). Les informations de cette nature paraissent de moins en moins interpeller l'opinion publique, et les médias s'y intéressent à leur tour de moins en moins.

Pourtant, la France est protégée par deux éléments : sa géographie et son économie. La situation géographique d'autres pays – en particulier l'Espagne et l'Italie – les met en première ligne face à l'immigration de millions d'êtres humains vers l'Union européenne, où ils pensent pouvoir trouver un avenir plus libre et plus prospère. L'économie française pousse beaucoup d'immigrés à envisager le sol français comme un lieu de passage, et non comme une destination finale, contrairement à l'Angleterre, par exemple, où les nouveaux venus pensent pouvoir trouver de meilleures opportunités de travail et le début d'une nouvelle vie, aux conditions très difficiles cependant. La réalité du

XXIᵉ siècle ne pourrait pas être plus éloignée de l'idée reçue du *Dictionnaire* de Flaubert : les émigrés gagnent « leur vie à donner des leçons de guitare et à faire la salade ».

Dans le passé, la France a sans doute été une terre d'accueil. Du XIXᵉ au XXᵉ siècle, ce sont les immigrés italiens qui ont été les plus nombreux. Ils donnaient des cours de guitare ou autres instruments – les Italiens de la région de Bergame notamment apprenaient aux Français l'accordéon, instrument devenu partie intégrante de la culture populaire française. Souvent les Italiens immigraient en grand nombre – cousins, frères, oncles, tantes, amis. Pour ces immigrés, la France a été une vraie « terre d'accueil ». Aujourd'hui, les jeunes générations françaises ignorent tout de l'importance de l'immigration italienne en France et – comme d'habitude – les autorités françaises font tout pour l'effacer. Il est dommage que Paris se soit doté d'un musée de l'immigration (la Cité nationale de l'histoire de l'Immigration) en octobre 2007 seulement et il est encore plus dommage qu'il ait été installé dans le palais de la porte Dorée, construit à l'occasion de l'Exposition coloniale de 1931, et devenu, ensuite, le Musée permanent des colonies. Pourquoi entretenir – même involontairement – cette fausse idée d'identifier l'immigration (qui a été en grande partie italienne, espagnole et portugaise) au colonialisme ?

Si l'on considère à la lettre l'expression « La France, terre d'accueil », elle ne peut absolument pas être perçue comme fausse. La France et les autres pays européens continuent chaque année à recevoir des dizaines de milliers de demandes d'asile de personnes persécutées (ou présumées telles) et à en satisfaire une partie non négligeable. Mais il est impossible d'ignorer le changement substantiel de la politique française, depuis le dernier quart du XXᵉ siècle. De ressource, l'immigration s'est trans-formée en gros problème, décrit par certains comme un fléau. C'est là que la France du XXIᵉ siècle entre en contradiction avec son histoire. En France, comme ailleurs en Europe, l'idée même de l'immi-gration est désormais appréhendée avec méfiance. C'est pour cette raison que les programmes pour l'expulsion des « irréguliers » se révèlent électorale-ment payants, que les conseillers en communication suggèrent l'idée de se doter d'objectifs précis pour l'expulsion des étrangers, qu'une politique humaine très sensible se transforme en impératif de « faire du chiffre », avec les dégâts collatéraux que désormais nous connaissons.

Aujourd'hui, même les demandes de séjour pour études ou recherches en France sont traitées avec réticence. J'en ai fait l'expérience personnellement un jour de 2002 quand Maria, jeune dentiste italienne très engagée dans une ONG, a sollicité mon intervention pour accélérer un dossier de visa concernant deux femmes médecins malgaches qui voulaient participer à un stage de spécialisation en ophtalmologie en France. Maria m'a dit que cette demande avait déjà été refusée. J'ai essayé de l'aider en expliquant aux fonctionnaires compétents que, après le stage, les deux femmes avaient la ferme intention de pratiquer leur métier à Madagascar. Rien n'y fit ; l'intérêt de la population malgache, qui souffre cruellement du manque de médecins spécialisés, n'a pas été suffisant pour surmonter les barrières administratives.

La France, patrie des droits de l'homme

Les deux prochaines idées reçues – chères avant tout à certains intellectuels et politiques français – sont liées entre elles, mais j'ai choisi de les traiter séparément parce que l'une est la « projection planétaire » de l'autre. On pense que la France est « la patrie des droits de l'homme » et on en déduit qu'elle a une « vocation universelle ». Inutile de faire remarquer que, selon les chiffres officiels, l'année 2008 dans la « patrie des droits de l'homme » a vu cent quinze personnes se suicider en prison. Un suicide tous les trois jours. Un chiffre qui devrait pousser à l'humilité plus qu'à la prosopopée en termes de « droits de l'homme ».

L'expression « patrie des droits de l'homme » est extrêmement agréable à entendre et à prononcer. Comme si la France avait un droit naturel en la matière et un rôle politique particulier à jouer sur la scène internationale, grâce à ce *copyright* sur le terrain de valeurs heureusement devenues universelles. La réalité est un peu différente. Les droits de l'homme sont un défi continu, quotidien, historique pour tous les pays. Aucun pays ne peut donc se vanter, *a priori*, de le relever mieux que les autres.

La discussion historique risque de devenir rébarbative. Si vraiment on voulait aller rechercher l'origine des droits de l'homme, il faudrait regarder du côté de la Grèce antique et peut-être aussi dans d'autres cultures politisées de l'Antiquité. Sans doute, l'étude du droit se nourrit de textes écrits à l'époque d'Athènes et de Rome. Mais affirmer que la Grèce ou l'Italie sont la « patrie des droits de l'homme » serait insensé. Le droit a son revers et certaines belles affirmations des juristes de l'époque cohabitaient avec l'acceptation de l'esclavage (aboli par la Révolution, réintroduit en 1802 et définitivement aboli par la France seulement en 1848).

La liberté, dans l'expression moderne de ce terme, est devenue – dans la Renaissance italienne – un sujet de réflexion lié à la recherche de la félicité. Laurent le Magnifique chantait « Chi vuol esser lieto sia », des mots qui pourraient être traduits aujourd'hui par : « Chacun a droit au bonheur ! » En Grande-Bretagne, le pas historique vers la reconnaissance du concept de la liberté de la personne humaine est l'*Habeas Corpus Act*, qui date de 1679, c'est-à-dire cent dix ans avant la Révolution française. Le *Bill of Rights* britannique, qui exprime les droits de la personne et les règles de la succession à la couronne, est de février 1689, un siècle avant la prise de la Bastille.

Bien sûr, la Déclaration des droits de l'homme et du citoyen va au-delà de l'*Habeas Corpus* et du *Bill of Rights*, mais les premiers à ne pas l'avoir respectée (et à en avoir subi les conséquences) ont été les révolutionnaires français qui l'ont discutée et votée. Le fait que, encore au XXIe siècle, certains Français voient la Terreur comme le développement naturel et nécessaire de 1789, montre que les droits de l'homme risquent d'être considérés comme une valeur à géométrie variable par les acteurs (heureusement très minoritaires) du radicalisme révolutionnaire. Sur certains lieux publics français – comme l'hôtel de ville de Troyes – est encore gravée la devise révolutionnaire « Liberté, égalité, fraternité ou la mort ». Ce besoin d'accompagner l'affirmation de valeurs humaines par les idées du sang (« Qu'un sang impur abreuve nos sillons ») et de la mort (celle des autres ou sa propre mort) est la face peu exaltante d'une certaine idée des droits de l'homme.

Là, en fait, affleure une interprétation des droits de l'homme chère aux amis de Maximilien de Robespierre et de Georges Marchais. En 1977, au moment des polémiques internationales sur les répressions des dissidents en URSS, *L'Humanité* a publié un dessin de Wolinski qui mérite d'être à nouveau analysé aujourd'hui[1]. Dans la première partie, se tiennent un fasciste, un patron et un journaliste « bourgeois » qui disent respectivement : « Si je suis fasciste, c'est pour barrer le chemin à la coalition socialo-communiste ! », « Si je suis capitaliste, c'est pour barrer le chemin à la coalition socialo-communiste » et « Si je travaille pour la presse pourrie, c'est pour barrer le chemin à la coalition socialo-communiste ». Dans la deuxième partie, ces trois personnages marchent ensemble en disant d'une seule voix : « Mais si nous défendons les dissidents soviétiques, c'est au nom des droits de l'homme, bien sûr ! » Voilà la morale de *L'Humanité* en 1977. En somme, il faut être des pourris ou des fascistes pour défendre, au nom des droits de l'homme, ceux qui critiquent de l'intérieur le paradis d'une dictature communiste. Ça se passait hier, en France.

Certains disent que la France est la patrie des droits de l'homme à cause du « siècle des Lumières », phénomène qui a concerné, en réalité, l'Europe entière. Lors d'un débat à la télévision,

---

1. *Wolinski dans L'Huma*, préface de René Andrieu, Éditions de *l'Humanité*, septembre 1977.

retransmis pendant la campagne référendaire de 2005, un homme politique français a fait allusion à son pays comme à la « patrie des droits de l'homme », mais son interlocuteur néerlandais, agacé par cette affirmation, lui a clairement répondu que ces valeurs étaient le patrimoine commun de nos pays dans leur ensemble et qu'elles étaient la base même de notre Union européenne. Elles constituent le patrimoine européen sans être une propriété ou une exclusivité européenne. Ces droits ont été bien résumés dans la Charte européenne des droits fondamentaux, préparée pendant la présidence française de l'Union européenne (second semestre de l'an 2000). Une fois de plus, la France a beaucoup fait pour l'affirmation des droits de l'homme. Le monde entier le sait et lui en sait gré. Le problème est que parfois la France n'arrive pas à s'en contenter. Quand elle s'autoproclame « patrie des droits de l'homme » ou « pays des droits de l'homme », les autres ne sont pas spécialement du même avis. Quant au *Canard enchaîné*, il célèbre, le 5 novembre 2008, la victoire d'Obama en publiant à la une, sous le titre « 80 % des Français voteraient pour un Noir ! » un article illustré d'un dessin représentant un Français disant à un autre : « Moi aussi ! Si j'étais américain… »

La présence et la force persistante de l'idée reçue selon laquelle les « droits de l'homme » auraient une patrie (la France) sont identifiables également dans les résultats d'un sondage publiés en novembre 2008 par le très sérieux centre communautaire d'analyses de l'opinion publique « Eurobaromètre ». À la question : « Selon vous, en termes de valeurs partagées, est-ce que les États membres de l'Union européenne sont proches les uns des autres ? », deux grands États de l'Union brillent par leur scepticisme. Vous devinez lesquels ? La France (seulement 48 % de réponses positives) et la Grande-Bretagne (encore moins, 45 %). En revanche, des majorités absolues d'Allemands (52 %), de Néerlandais (57 %), d'Italiens (58 %), d'Espagnols (58 %), de Belges (62 %) et de Polonais (62 %) croient aux valeurs partagées. Dans l'ensemble de l'Europe communautaire, les réponses positives ont augmenté entre 2006 et 2008 de 48 à 54 %, tandis que les négatives ont baissé de 41 à 34 %. Le chemin de l'histoire est clair.

La vocation universelle de la France

« La France est un grand pays à la vocation universelle[1] », dit le président Nicolas Sarkozy dans son discours à la communauté française en Angola. « Le patriotisme français est en effet un patriotisme de l'universel, un patriotisme porteur de valeurs de la Déclaration des droits de l'homme et du citoyen, porteur de valeurs de la devise républicaine[2] », affirme de son côté Jean-Pierre Chevènement.

Au début il y avait l'Église, qui parlait de la France comme de sa « fille aînée » (peut-être qu'elle aurait utilisé l'expression « peuple élu » si elle n'avait pas déjà trouvé preneur). Habitué au concept de « trinité », le Créateur aurait transposé cette dernière sur le plan géopolitique en choisissant Jérusalem pour la vie de son fils, Rome pour le siège de ses représentants officiels et Paris pour affirmer la force éternelle du message. Ensuite, la Révolution

---

1. Luanda, 23 mai 2008.
2. Revue *Hérodote*, numéro spécial, 3ᵉ-4ᵉ trimestre 1988, p. 10.

169

a tout chamboulé, mais la France s'est toujours trouvé avoir entre les mains un message à faire triompher, avec, en plus, une prédisposition, une expérience et un savoir-faire en la matière.

Parfois, les autres pays ont pris très au sérieux la présumée « vocation universelle » de cette France, exportatrice de valeurs. Le drapeau italien à trois couleurs (né en 1797 à Reggio nell' Emilia) imite le drapeau français, identifié à cette époque-là comme emblème de modernité et de justice. Les fictions de *La Chartreuse de Parme* et de *Tosca* montrent – ainsi que la vraie histoire de la révolution napolitaine de 1799 – des Italiens progressistes qui, en identifiant la France avec les idées de changement, de démocratie et de justice, attendent Napoléon comme le Messie, et paient cher leurs illusions et leur naïveté. Voici Eleonora Pimentel Fonseca, la femme symbole de la révolution napolitaine, pendue sur la « piazza del mercato » et – dans les théâtres lyriques du monde entier – voici la charmante Tosca se lançant dans le vide après la mort de son amant Mario Cavaradossi, exécuté pour avoir laissé éclater sa joie à la nouvelle de la victoire des Français à Marengo. S'il avait lu les déclarations de Rama Yade au *Nouvel Observateur* du 4 décembre 2008, il aurait été moins naïf : « Notre politique étrangère ne peut pas être fondée uniquement sur des valeurs. [...] Nous sommes une puissance, nous devons le rester », déclare la secrétaire d'État aux Droits de l'homme.

Entre Eleonora Pimentel Fonseca et les harkis, la France a parfois laissé tomber ceux qui ont cru en elle. Pourtant, elle n'a jamais renoncé à se sentir investie de la « vocation universelle » d'exportatrice de vérités, de valeurs et d'idéaux en vrac. À la fin du XXᵉ siècle, seuls quelques pays au monde pensaient avoir une « vocation universelle » à catéchiser les autres : l'Union soviétique, Cuba, les États-Unis d'Amérique et, bien sûr, la France. Ensuite, la première a heureusement décidé de se saborder, le second est tombé malade en même temps que son chef, les troisièmes ont fait une mauvaise expérience en Irak et aujourd'hui seul le président français parle de la « vocation universelle » de son pays comme s'il lisait un psaume de David ou une phrase de l'Évangile.

Fin 1988, la France s'apprêtait à fêter le bicentenaire de la Révolution et le magazine *L'Expansion* publia un numéro spécial (daté du 21 octobre-3 novembre) sous le titre « 1789-1989. Nos révolutions ». Dans l'article d'Albert du Roy on trouve la phrase suivante : « C'est au nom de la Révolution française que l'on a, dans le monde, pendant près de deux siècles, combattu pour la liberté et la justice. »

Une fois de plus, la Révolution de 1789 n'était pas vue dans un contexte d'évolution générale de la pensée humaine, mais comme un moment en soi, capable de pousser les autres à se conformer à l'exemple français, et de donner à la France une série de droits et de devoirs.

Les guerres coloniales menées par la France pendant les deux derniers siècles ont été autant de monstruosités comme celles menées par la Grande-Bretagne ou par d'autres anciennes puissances colonialistes. Pendant ces guerres, d'authentiques crimes contre l'humanité ont été commis, dont un jour ou l'autre il faudra parler de façon pertinente. La France a essayé de rétablir son empire colonial même après la Seconde Guerre mondiale. La guerre d'Indochine a été la conséquence d'un désir de reconquête. De quel côté étaient à ce moment les idéaux de 1789 ? Et, en 1947-1948, est-ce au nom de la Déclaration des droits de l'homme et du citoyen que la répression coloniale française a fait des dizaines de milliers de victimes civiles à Madagascar ? Quant à la guerre d'Algérie, la présence des valeurs universelles de la France l'a longtemps empêchée de porter son nom. Chacun de nos pays pourrait faire montre de modestie, surtout en se référant au passé.

La meilleure façon de respecter l'aspiration universaliste de la France sans que ça se traduise en une attitude peu agréable ou peu compréhensible aux yeux de ses partenaires est celle que Jacques Delors exprime très bien à la fin de ses *Mémoires*, en faisant référence à la construction européenne et en affirmant : « Que la société civile se rappelle que, sans mémoire du passé, sans ses riches et parfois dures leçons, il n'est pas possible de concevoir et de bâtir un avenir en restant fidèle aux valeurs universelles de paix, de liberté et de solidarité que la France a toujours voulu incarner et diffuser. »

Soixante-quatre millions de laïques

Ce qui est formidable avec certaines idées reçues, c'est qu'elles ne font que des heureux. Ou presque. Prenons l'idée reçue selon laquelle la France est un pays absolument laïque, même « ultra laïque ». Théoriquement c'est comme ça. La laïcité est presque une religion d'État, avec le président de la République en tant que « pape ». Un peu comme la reine et l'Église anglicane au-delà de la outre-Manche. En réalité, les Français ont trouvé un joli compromis qui ménage les principes d'un côté et les intérêts de l'autre. Avec un problème grandissant : la religion islamique (désormais la seconde du pays, avec six millions de fidèles), qui n'est pas encore entrée à part entière dans les mécanismes, et surtout dans la logique de ce compromis historique à la française.

Interviewé par *La Croix* (12 avril 2007), François Bayrou déclare : « Oui, la laïcité est spécifique à la France. C'est notre richesse. Elle est incompréhensible pour un étranger. Tout comme la vocation universelle des valeurs de la République. » En tant qu'étranger, je suis conscient que je ne peux pas comprendre. Donc je m'excuse par avance auprès de M. Bayrou, qui d'ailleurs a eu lui-même, en 1993-1994 (quand il était ministre de l'Éducation nationale), quelques petits problèmes de cohabitation avec les plus laïques de ses compatriotes, et qui s'est probablement rendu compte de l'erreur commise avec son idée de réformer la « loi Falloux ». Il était au gouvernement à Paris, mais il s'est comporté comme un étranger. Quant à moi, je garde espoir. Si un jour je demandais la nationalité française, et si celle-ci m'était généreusement octroyée par les autorités de la République, un petit feu très lumineux descendrait, comme dans certains tableaux anciens représentant la Pentecôte, sur mon cerveau de paysan de la vallée du Pô et me permettrait de saisir la profondeur du concept de laïcité française.

Très peu de Français (mais aussi d'Allemands, de Belges, de Néerlandais ou de Suisses) connaissent la signification réelle de la Pentecôte, la fête religieuse chrétienne (empruntée au judaïsme) qui rappelle la descente de l'Esprit-Saint sur les Apôtres, le cinquantième jour[1] après Pâques. De nombreux

---

1. Pentecôte vient du grec *pentekoste hemera*, « cinquantième jour ».

Italiens ne la connaissent pas non plus, mais ils ont une excuse, en Italie, le lundi de Pentecôte n'est pas chômé, tandis que dans la très laïque France, la population s'est montrée extrêmement attachée à cette célébration. Quand, après la tragédie (vite oubliée) de la canicule de 2003, le gouvernement Raffarin a tenté de faire renoncer à cette fête religieuse au nom de la solidarité nationale, les Français ont trouvé cette proposition inacceptable. Ensuite, le président Sarkozy a rendu à César ce qui était à César, et à Dieu ce qui était à Dieu.

La grande chance de la France est que personne ne met sérieusement en cause le principe sacré de la laïcité. Tellement sacré que l'article premier de la Constitution place la laïcité avant même la démocratie, en disant : « La France est une République indivisible, laïque, démocratique et sociale. » Impressionnant. Les seuls qui remettent en cause la laïcité sont certains musulmans, qui ont encore du mal à assumer leur rôle dans le contexte d'une République qui sait être généreuse (en plus d'indivisible, laïque, démocratique et sociale). Les autres religions sont arrivées à une conclusion très simple, les avantages qu'elles ont grâce à la laïcité française sont bien supérieurs aux problèmes qui peuvent en découler.

Certes, beaucoup d'églises françaises sont presque vides lors de la messe dominicale, mais, souvent, à l'occasion de la messe de minuit, à Noël, il est difficile de trouver une place. Les voyages des papes en France sont préparés minutieusement, et couronnés de succès qui vont au-delà de toutes les espérances. En particulier avec Benoît XVI, qui lors de sa visite officielle en France en 2008 a fait se presser une foule immense. Ce sera probablement l'un des moments les plus réussis de son pontificat.

Certaines attitudes et certaines polémiques françaises sur le terrain de la laïcité peuvent toujours étonner les autres Européens. Ainsi, l'idée de recourir à la loi pour « résoudre » le problème du voile islamique à l'école a provoqué bien des perplexités au-delà de la Manche, du Rhin, des Alpes ou des Pyrénées. Mais sur le plan de la relation avec les religions, la France n'est pas la plus mauvaise élève de l'Europe. Bien au contraire.

Si l'Italie est un pays à laïcité limitée, la France a su se doter d'une laïcité à géométrie variable, bien différente de l'idée reçue de la « laïcité absolue » de la République. Aussi, des hommes et des femmes qui symbolisent l'Église comme le cardinal Lustiger, sœur Emmanuelle ou l'abbé Pierre ont longtemps fait partie des personnalités les plus populaires. Le Vatican a compris depuis longtemps qu'il avait tout intérêt à respecter la France pour ce qu'elle est. Si, en Italie, en Autriche, en Bavière, en Irlande ou en Pologne, l'Église catholique a toujours eu tendance à s'engager à fond sur certaines batailles de principe (comme celles contre le divorce ou l'avortement), en France, elle montre toujours (ou presque) une prudence tout à fait particulière. Jamais un quotidien catholique comme *La Croix* ne serait en mesure d'affirmer en Italie (ou dans d'autres pays catholiques) un tel esprit de liberté, une telle envie d'investigation et donc une telle qualité journalistique. Quelques polémiques se vérifient quand les représentants de l'État donnent l'impression de vouloir modifier le compromis « fondateur ». En décembre 2007 le président Sarkozy se rend au Vatican et déclare : « Dans la transmission des valeurs et dans l'apprentissage de la différence entre le bien et le mal l'instituteur ne pourra jamais remplacer le curé ou le pasteur. » Peut-être que le bon Dieu n'en avait pas tant demandé à César.

En France, il y a l'égalité des chances

Le concept d'« égalité des chances » est traditionnellement considéré comme fondamental par toutes les personnalités politiques françaises. C'est un principe capital du « politiquement correct à la française ». La loi n° 2006-396 du 31 mars 2006 est connue comme la « loi pour l'égalité des chances ». Pendant sa discussion, Azouz Begag, ministre délégué à la Promotion de l'égalité des chances, dit : « En 2006, la grande cause nationale, c'est l'égalité des chances. » L'année 2006 est passée, le gouvernement dont faisait partie M. Begg n'est plus, mais le problème est resté.

Pendant la campagne électorale présidentielle de 2007, les principaux candidats (Nicolas Sarkozy, Ségolène Royal, François Bayrou) ont promis de multiplier les efforts pour l'« égalité des chances », considérée comme une idée clé parmi les « valeurs républicaines ». Malheureusement, il s'agit d'une idée reçue, susceptible de se révéler dangereuse parce que la découverte de la « réalité des chances » provoque des sensations très désagréables parmi les moins chanceux. On continue cependant à affirmer que l'égalité des chances est une caractéristique fondamentale de la République française.

Dans la France du XXIᵉ siècle, le système éducatif ne garantit manifestement pas l'égalité des chances. Au contraire, il contribue à compliquer le problème. La situation française est probablement plus grave que celle d'autres pays industrialisés, où la prudence est davantage de mise à l'égard des grandes, généreuses et dangereuses promesses « républicaines ».

Historiquement, l'instrument pour assurer l'égalité des chances était l'école publique. Pour cette raison, le terrain déterminant de l'égalité des chances à la française est celui de l'éducation. C'est là qu'on peut constater les principales déceptions. Entre les différents quartiers, villes ou villages il y a toujours eu une disparité sociale, mais l'école républicaine faisait autrefois le miracle de garantir à tous les enfants (ou presque) le même standard éducatif. Elle agissait donc comme un facteur de rééquilibrage social, en arrivant en même temps à détecter les meilleurs élèves et à favoriser l'ascension de ces derniers indépendamment de leur fortune familiale. Cette école avait un prestige indiscutable et son personnel était formé pour aider les plus faibles à trouver dans la classe les opportunités culturelles qu'ils n'avaient pas à la maison. Cette école était à la fois une efficace « machine à intégrer », un facteur de justice et une source de promotion sociale. Autre époque.

Aujourd'hui, malgré la présence d'enseignants dont le comportement individuel frôle parfois l'héroïsme, le personnel des écoles situées dans des zones plus délicates est évidemment démotivé. Les menaces et même les agressions de la part d'élèves ou de parents d'élèves sont fréquents. Parfois les médias nationaux les omettent. L'école républicaine ne provoque désormais ni admiration, ni crainte. Elle doit tout simplement fabriquer des diplômes, qui sont théoriquement les mêmes, mais qui ont en réalité un poids différent d'un lycée à l'autre, d'un quartier à l'autre, d'une localité à l'autre. Les jeunes des « banlieues défavorisées » arrivent à obtenir le diplôme même sans avoir beaucoup appris. Ils contribuent ainsi à amplifier une crise dont ils sont les vraies victimes.

Jean-Louis Borloo – quand il était ministre de l'Emploi, de la Cohésion sociale et du Logement – a relevé qu'« un enfant sur quatre naît dans ce qu'on appelle une zone urbaine sensible ». Dans les écoles de banlieue, les jeunes les plus méritants n'arrivent pas obligatoirement à émerger. Les jeunes qui auraient pu se faire remarquer à l'école de la IIIᵉ République sont repoussés au milieu des autres dans l'école actuelle qui a vu diminuer progressivement son rôle de « péréquation sociale », et donc sa vocation à favoriser l'égalité des chances.

Un fossé de plus en plus profond se creuse entre les « bonnes » et les « mauvaises » universités, dont les entreprises tiennent évidemment compte.

Depuis des décennies, j'écoute des discours dénonçant un danger indiscutable : l'école publique risque de se transformer de facteur de réduction des déséquilibres sociaux en facteur d'amplification de ces derniers. Je connais des parents d'élèves qui font des efforts titanesques (et je ne plaisante pas) pour payer au moins à un de leurs enfants l'internat dans une école privée catholique. Des mères et des pères qui travaillent jour et nuit. Ils ne vont pas à la messe, mais l'instruction catholique est la meilleure façon de garantir une sérieuse chance de succès à celui de leurs enfants qui paraît le plus doué pour les études. Il existait une habitude autrefois dans les campagnes de plusieurs régions européennes (de la Bretagne à la Vénétie) : l'enfant considéré le plus intelligent était envoyé au séminaire, avec l'espoir qu'il ait accès à assez de culture et de connaissances pour ensuite, peut-être, éviter le sacerdoce et devenir avocat ou médecin.

Venant au monde dans des « bons quartiers » de Paris, un enfant est prédestiné à fréquenter la meilleure école maternelle, la meilleure école primaire et les meilleurs lycées, jusqu'aux classes préparatoires, etc. L'enfant des localités « défavorisées », où les profs sont les seuls fonctionnaires publics à affirmer tous les jours la présence de la République, paiera le prix de la panne de l'ascenseur social. Un vieil ascenseur rouillé, appelé « égalité des chances ». Finalement, même les représentants officiels de la République admettent la réalité. Le 17 décembre 2008, le président de la Cour des comptes, Philippe Séguin, a déclaré : « L'école communale non seulement n'arrive pas à réaliser l'égalité des chances, mais elle a même tendance à accentuer l'inégalité. »

Les Français sont individualistes

Les Français se considèrent comme des « individualistes ». Ils ont pris l'habitude d'utiliser ce mot pour s'accuser de ne pas faire assez pour le bien d'une cause particulière ou pour celui de la société dans son ensemble. « Vous êtes un individualiste », me dit – à l'assemblée de la copropriété – une dame selon laquelle j'aurais dû sacrifier ma cave pour élargir les parties communes. Les récriminations et les accusations à base d'« individualisme » font partie de la liturgie de l'autoflagellation des Français, qui se scandalisent de l'insuffisance de l'esprit de solidarité et de fraternité de leurs compatriotes. Il s'agit d'une liturgie en trois actes. On commence par dénoncer la triste réalité quotidienne : la République est désormais peuplée par 64 millions d'êtres humains « préoccupés seulement de leurs biens », c'est-à-dire tous les Français sauf celui qui dénonce l'« individualisme » et celui qui l'écoute. On verse ensuite une larme, en chantant le refrain des valeurs perdues : quand Marc Lavoine chantait son « C'est ça la France : on est tous des frères, selon les déclarations ! ». On termine par un hymne à la nostalgie d'une époque « non individualiste », qui en réalité n'a jamais existé.

L'autoflagellation au sujet de l'individualisme est présente dans la vie sociale, dans l'économie et dans les sports. On n'obtient pas les résultats espérés dans la lutte contre le cancer ou le sida ? C'est la faute à « notre individualisme ». Il y a du chômage ? Les syndicats dénoncent volontiers « l'individualisme des patrons ». La France n'arrive pas à gagner l'« America's Cup » de voile ? L'ancien barreur Bruno Troublé, organisateur de la Coupe Louis Vuitton depuis 1983, affirme : « Les Français sont trop individualistes, c'est pour cette raison entre autres que la solitaire s'est autant développée chez nous. » On parle d'augmentation du prix des carburants et immédiatement de bons citoyens dénoncent l'individualisme de ceux qui préfèrent la voiture privée aux transports publics. La dénonciation de l'« individualisme » est une recette française cuisinée à toutes les sauces. Y compris la catholique. Voici Georges Bernanos, qui affirme : « Révolution, démocratie, laïcisme, c'était là pour nous, sous des noms divers, l'expression de ce même individualisme anarchique où a risqué de sombrer le génie de notre race, et dont les brusques poussées [...]

semblent marquer chaque grave défaillance du spirituel. » Non, chers Français. Sur le terrain de l'individualisme, vous n'êtes absolument pas pires que les autres. Peut-être que vous êtes même mieux. J'ai toujours admiré la magnifique « loi de 1901 » sur les associations. Une vraie source d'engagement et aussi de générosité. En France, la vie syndicale est atrophiée (les élections prudhomales de 2008 ont connu un record d'abstentions : les trois quarts des ayants droit), mais la vie associative est très dynamique. Il s'agit d'une démonstration fréquente de générosité, de volonté d'engagement et même de disponibilité pour les autres, qui se vérifie dans un cadre juridique efficace et moderne, même si la loi en question est vieille de plus d'un siècle. Des dizaines de milliers d'associations sont créées chaque année en France : pour être précis, 70 255 entre septembre 2006 et août 2007, selon le rapport « La France associative en mouvement » d'octobre 2007. Une partie d'entre elles peut financer des « permanents » ou des salariés, devenant ainsi un instrument de lutte contre le chômage.

Sur le rôle des associations dans la création d'emplois, le rapport déjà cité affirme : « Les organismes employeurs de l'économie sociale, dont 65 % d'associations, sont au nombre de 210 000 en 2006 pour un total estimé de 2,6 millions d'emplois (tous contrats confondus), soit 57 milliards d'euros en masse salariale. » La dynamique de l'économie sociale dépasse habituellement par sa croissance celle de l'économie globale. Parmi les associations les plus actives, il y a celles qui s'engagent dans le soutien à la recherche scientifique pour la lutte contre les maladies. D'autres pays européens ont pris exemple sur la France dans ce domaine.

L'ENA est la pépinière
de l'élite française

Il est bien rare de trouver un correspondant étranger en France qui n'ait pas écrit au moins un article sur l'École nationale d'administration (ENA) au cours de sa première année dans l'Hexagone. C'est presque physiologique. Le système français des grandes écoles, avec l'ENA à son sommet, frappe l'imagination de l'observateur étranger, surtout s'il est peu habitué à la réalité franco-confucéenne : comme dans la Chine ancienne, la France a mis au point un système très sophistiqué pour sélectionner l'élite administrative par des critères de fidélité aux institutions et d'apprentissage d'une série de règles ou de textes plus ou moins compliqués. Les journalistes étrangers essaient d'expliquer à leurs lecteurs le mécanisme méritocratique de l'ENA, avec – cerise sur le gâteau – la tradition qui voit les meilleurs (ou présumés tels) destinés à des tâches très importantes, tandis que d'autres partiront dans des sous-préfectures.

Les correspondants étrangers apprennent de leurs collègues français à nourrir un sentiment aigre-doux vis-à-vis de l'institution ENA : admiration mêlée à des critiques d'« élitisme ». Critiques qu'un ancien Premier ministre comme Alain Juppé, lui-même énarque, résume de cette façon : « En France, une fois qu'on est passé par l'École polytechnique, l'École normale ou l'ENA – pardon, je me sens un peu visé –, on a un passeport pour la vie, une rente de situation. C'est un des éléments de blocage de la société française. »

C'est l'État qui a inventé ce jeu un peu pervers de produire une élite soudée et compacte dans un laboratoire d'alchimie républicaine. Ensuite, les intéressés ne peuvent que vraiment croire appartenir à une élite. Le problème est que même la France est en train de changer et l'ENA sera de moins en moins la pépinière de la classe dirigeante nationale. Les derniers à le comprendre seront forcément les « énarques », célèbres pour leurs excellentes prévisions au sujet du passé.

Dans les années 1970-1980, l'ENA s'est affirmée comme le grand trampoline des politiques de droite et de gauche. Elle paie actuellement la crise de la politique et surtout celle de l'image de la politique. Pendant des décennies, on a exalté l'ENA comme

« mère de tous les gouvernements ». On a dit qu'il y avait une seule chose en commun entre tous les principaux partis : le fait d'être dirigées par des énarques. Aujourd'hui la vie politique est source de déceptions plus que d'enthousiasmes. Le constat de fond est clair et très amer : la politique française de ce début du XXIᵉ siècle n'exalte absolument pas l'imagination des jeunes générations ni des cerveaux les plus effervescents.

La vraie sélection sera faite de plus en plus par la société elle-même, et non par les grandes écoles françaises (qui d'ailleurs ont du mal à récolter des lauriers sur le plan international). La mythique ENA pourrait bien y perdre quelques plumes. En effet, en France, pays toujours plus moderne et toujours moins confucéen, on s'en sort dans la vie grâce à son culot, ses idées et son esprit d'initiative, plus que parce qu'on est un élève discipliné, premier de la classe toute sa scolarité. Cette France d'avenir est d'ailleurs en bonne partie située dans les quartiers et les banlieues en crise, où des millions de jeunes sont animés par une énorme envie d'avancer, sans attendre qu'un président ou un ministre leur offrent la « discrimination positive ».

Beaucoup de jeunes Français ont seulement besoin d'un peu de confiance et de quelques financements pour créer des entreprises. Ils constatent d'ailleurs que, dans la France du XXIᵉ siècle, la politique est souvent une affaire de famille (comme on dit à Neuilly-sur-Seine). La vieille politique les a déçus et la nouvelle n'est pas encore née. Si un jour il y a en Europe une « égalité des chances » digne de ce nom, cela sera grâce à la libre capacité d'organisation de beaucoup de jeunes, qui ont appris à compter sur eux-mêmes.

L'exception culturelle est en crise

L'expression « exception culturelle » n'est probablement pas bien choisie, puisqu'elle provoque chez
les autres Européens une perplexité certaine envers
ce vieux concept : l'aspiration des Français à se
doter d'un statut « d'exception », voire de se considérer comme une sorte d'exception vivante. Mais si
on en vient à l'essentiel, en évitant les polémiques
inutiles, on doit constater que le dispositif d'intervention des pouvoirs publics pour favoriser la création culturelle et la protéger des formes les plus
agressives de la concurrence internationale continue
à avoir des conséquences favorables dans un pays
où les activités liées à la culture (cinéma, théâtre,
édition, festivals, musées, tourisme, etc.) ont une
importance particulière, aussi sur le plan économique.

Ce dispositif a sans doute besoin d'aménagements
par rapport à l'époque du « Colbert des Lettres »,
Jack Lang, mais dans l'ensemble il n'est pas en crise.
Au contraire, il a inspiré des mesures appliquées

dans d'autres pays européens, au bénéfice, par
exemple, du cinéma. Dans le même temps, la France
a eu le mérite de pousser l'Europe à se battre pour
défendre les intérêts de son industrie culturelle à
l'occasion des négociations de l'Organisation
mondiale du commerce (OMC), en affirmant en
particulier que la production et la circulation
d'œuvres culturelles ne peuvent pas être traitées
comme celles de n'importe quelle autre marchan-
dise.

Par rapport à la dernière période du XXᵉ siècle,
plusieurs pays de l'Union européenne ont montré
un dynamisme remarquable dans certains secteurs
de l'activité culturelle – surtout en termes de
« démocratisation de la culture » – et l'organisation
de festivals et d'expositions a connu un vrai boom
en Allemagne, en Espagne, au Portugal, en Italie et
ailleurs. Certains éléments de l'« exception culturelle » sont devenus un phénomène européen. Mais
des risques existent. Par exemple celui que l'État se
mêle un peu trop des choix des « créateurs ».

Mais le vrai risque est celui de la division. Celui
de donner au reste du monde l'impression d'une
Europe incapable de participer dans son ensemble,
et avec son extraordinaire variété culturelle, à la
compétition planétaire de la culture, de l'intelligence et de la création. L'Europe est le plus extraor-

dinaire ensemble culturel existant sur la planète. L'un de ses grands défis est de mettre sa culture et ses cultures à la disposition du monde entier. « Nous sommes incroyablement attendus à l'étranger sur cette question de la culture. Notre patrimoine et nos créateurs sont admirés », dit dans *Le Monde* daté du 13 février 2009 Olivier Poivre d'Arvor, directeur de Culturesfrance. Et il ajoute : « Il nous revient, à nous Français, Européens, de nous mobiliser pour que ce "pouvoir intelligent" préserve le droit à la diversité culturelle ! » L'influence culturelle dans le monde fait partie d'une influence plus générale, qui dans le grand jeu planétaire du XXIe siècle peut comporter des avantages énormes en termes économiques et politiques. Être capable de plaire aux autres, de séduire les autres compte bien plus que pouvoir envoyer un porte-avions. Encore faut-il savoir que cet élan de *soft-power* nous pose, à nous Européens, le défi de savoir situer la concurrence entre nous (personne ne peut être naïf au point de vouloir fondre entre eux l'Alliance française, le Cervantes, le Goethe Institut et la Dante Alighieri !) à l'intérieur d'un cadre commun de présence et d'initiative au niveau mondial. Ça aussi, c'est un pari sur l'intelligence.

De toute façon, le chemin de l'ouverture au monde est obligé. L'ouverture est partout. Quand

197

en 1986 je suis arrivé à Paris comme correspondant de la presse italienne, j'ai été frappé par les discussions sur le « cahier des charges » des chaînes de télévision qui étaient sur le point d'être privatisées. J'ai eu l'impression que le gouvernement français pensait pouvoir garder le PAF comme un pré carré, administré sur la base de règles uniquement nationales et peuplé par des protagonistes essentiellement nationaux. Aujourd'hui rien n'est plus ouvert que l'air. On n'arrête pas les ondes.

En même temps, on peut faire en sorte de disposer de chaînes télé agréables à regarder. Dans nos pays, la télévision s'est montrée capable du meilleur comme du pire. Même en France, où la politique a tout fait pour freiner la pénétration des séries américaines, elle propose régulièrement une razzia de productions hollywoodiennes. Le problème est d'encourager nos productions, mais la solution en termes de barrières nationales ne marche pas. La solution ne peut être que positive – plus de créations de qualité – et surtout européenne : plus d'engagement pour que le meilleur de la production de nos pays soit proposé aussi aux autres. Le commissaire Derrick, le commissaire Cordier ou le commissaire Montalbano peuvent faire beaucoup pour unifier l'Europe. En espérant que celle-ci ne devienne pas un peu trop « policière ».

La langue française est en crise

Allocution *urbi et orbi*, à la ville (de Rome) et au monde, le jour de Noël 2008. Le pape Benoît XVI, dont la langue maternelle est l'allemand, donne sa bénédiction en soixante-quatre langues : étant l'évêque de Rome, il commence forcément par l'italien, mais la langue qui suit est le français. Jeux Olympiques de Pékin, août 2008 : les informations officielles des commentateurs sont données en français avant de l'être en anglais, comme le veut la tradition depuis le baron de Coubertin. Siège de l'Onu à New York : derrière les personnalités internationales qui font des déclarations au Conseil de sécurité, on peut voir un panneau bleu et blanc avec le logo de l'Onu et l'expression « Conseil de sécurité » écrite en seulement deux langues : l'anglais et le français. Sièges des institutions européennes à Bruxelles : le français est l'une des deux vraies langues de travail, utilisées constamment. Dans le monde du XXIᵉ siècle, la langue française est respectée et appréciée partout, mais elle n'est jamais imposée. On peut espérer que les Français se rendront compte d'une chose : la défense de la langue (qui n'est pas seulement la leur) ne peut pas s'accompagner d'attitudes arrogantes de leur part.

Le vrai danger pour la langue française n'est pas l'orthographe approximative des enfants en train de l'acquérir, ou des francophones qui essaient de s'en servir tant bien que mal, mais bien les ayatollahs du purisme linguistique, pour lesquels l'orthographe et la pureté grammaticale sont presque une religion. Immuable. Et pourtant le français réel, parlé par des personnes réelles, est en évolution continue, comme toutes les langues vivantes. À l'époque des computers, pardon, des ordinateurs, et d'Internet, nos langues, qui ont toujours changé, évoluent très vite, et de façon difficile à prédire. Plus elles sont vivantes et plus elles changent. On verra ce qu'il en sera dans dix ou vingt ans.

La condition pour rester vivantes sera probablement qu'elles se transforment comme jamais auparavant sur une période si courte. Mais une chose est certaine : l'image de la langue française dans le monde n'est absolument pas mauvaise, même si, depuis les années 1880 (cela fait donc bien longtemps !), il y a en France des personnes et des journaux qui dénoncent avec ardeur « la crise du français ». La liste des personnalités internationales qui parlent français en ce début du XXIᵉ siècle – de la reine Élisabeth II au président israélien Shimon Peres, de Tony Blair aux leaders de la majorité et de l'opposition espagnols, grecs, italiens, portugais et, en partie, allemands – est presque égale à celles qui parlent l'anglais.

Le succès planétaire de la chaîne de télévision francophone TV5 est la preuve quotidienne de l'intérêt pour le français. De l'Allemagne aux États-Unis, d'Israël à l'Afrique, de l'Argentine à la Russie, des millions de familles souscrivent des abonnements à des bouquets satellites qui incluent TV5. Souvent elles le font pour aider les enfants à apprendre le français. La préférence de ces familles va à une chaîne contrôlée de façon conjointe par des institutions publiques francophones – en particulier de Belgique, de France, du Québec et de Suisse – plutôt que par l'État français en tant que tel. On aime la langue française pour ce qu'elle est plutôt que comme vecteur de l'influence politique de Paris ou comme livre sacré des ayatollahs de la pureté linguistique chère à l'Académie française.

Vu de la coupole de l'Académie, l'avenir de la langue française se joue dans une compétition mondiale avec l'anglais, et tout doit être fait pour gagner ce duel. Cette manière de concevoir le problème des langues est terriblement politique, et encore plus terriblement irritante : un jeune Européen, Africain, Américain ou Asiatique peut décider d'apprendre le français pour s'ouvrir de nouveaux horizons et davantage d'opportunités de travail, mais certainement pas pour se soumettre aux interprétations rigides des puristes de l'Académie française. Si la diffusion du français est conçue surtout en termes de compétition avec l'anglais, c'est un match qui intéresse bien peu de monde hors des lieux du pouvoir parisien. De toute façon, le match serait alors perdu d'avance.

Heureusement, les jeunes du monde entier, qui s'intéressent à l'apprentissage du français et qui regardent avec plaisir les chaînes de télévision francophones, ont une autre opinion. Pour eux, apprendre le français, « c'est cool ». Et c'est très bien comme ça, parce que au XXIe siècle, la langue française, parlée dans les cinq continents, est plus utile que jamais.

Les Français sont nuls
en langues étrangères

Une école privée de langues organise à Prague une campagne publicitaire, avec des affiches en anglais, pour inciter les Tchèques à apprendre le français. Le texte des affiches dit : *Apprenez le français. C'est bien plus facile que de comprendre un Français parlant anglais ! Apprenez le français, car il y a peu de chances que les Français apprennent une autre langue !* Les Français ont tellement insisté sur le fait qu'ils sont nuls en langues étrangères, qu'à l'étranger on a fini par les prendre un peu trop au sérieux sur ce point.

Les Français pensent mal parler l'anglais. Ils se sentent presque coupables de leur accent (que devrais-je dire, moi qui ai gardé mon accent italien après un quart de siècle passé en France ?). Ils ont un rapport compliqué avec la langue de Shakespeare, fait de jalousie et de désir. Jalousie pour le rôle planétaire de l'anglais, et désir de le parler brillamment. Mais si la France entière se lance dans l'étude exclusive de l'anglais, comment peut-elle demander aux Allemands, aux Italiens ou aux Espagnols de se consacrer à la langue de Molière, de Sarkozy et de Mme Aubry ? Impossible. Ainsi la France a très intelligemment initié une campagne pour le multilinguisme, avec l'apprentissage de deux langues étrangères à l'école.

Quand il était ministre de l'Éducation nationale, Jack Lang s'est beaucoup investi sur ce sujet. La logique de l'enseignement à l'école de deux langues étrangères favorise l'anglais, qui sera obligatoirement l'une d'entre elles, ce qui, fatalement, renforce encore plus son rôle international. Tant pis. Mais en même temps, il y aura la relance en France des cours d'allemand, d'espagnol ou d'italien. Au final, on aura en Europe des dizaines de millions de personnes parlant trois langues. Ce jour-là, notre Union européenne aura beaucoup gagné en termes d'intelligence et de culture. La Suisse – où l'on parle normalement trois langues, et quatre avec l'anglais – est un exemple pour l'Europe entière.

Malgré la subtile ironie de l'école de langues pragoise, les derniers de la classe en matière de langues étrangères ne sont pas les Français. Comme s'il s'agissait d'appliquer sur terre la prophétie des Évangiles, dans le domaine des langues les derniers sont les premiers : les plus favorisés, c'est-à-dire ceux qui ont la chance d'avoir l'anglais comme langue maternelle. Bien sûr, la reine d'Angleterre parle un français impeccable. Elle s'exprime à merveille à l'Élysée comme sur son marché parisien préféré, celui de la rue Montorgueil. Mais une grande partie des sujets d'Élisabeth II ne considère pas important l'étude d'une autre langue : pourquoi se donner la peine de parler un idiome du continent, si les continentaux passent leur temps dans les livres d'anglais ? Ainsi, sur le terrain des langues comme sur celui du chocolat, les Anglais auraient bien des choses à apprendre des Suisses.

Quant aux Français, l'expression « Nous sommes nuls en langues étrangères » (qu'ils adorent utiliser de façon un peu masochiste) ne me paraît pas correspondre à la réalité. Il est rare que je passe un jour sans croiser quelqu'un qui essaie de me dire quelques mots en italien, en me faisant comprendre qu'il aimerait savoir parler ma langue. Il s'agit parfois d'un Français d'origine italienne, dont la famille s'est tellement bien intégrée en France qu'elle en a perdu ses racines et, avec elles, sa langue. Les Français et les Italiens sont probablement moins déterminés que les Allemands, les Néerlandais ou les Scandinaves à se lancer dans l'apprentissage des langues étrangères. Mais ne pas être les premiers ne signifie pas être nuls. De toute façon ils sont plus ouverts à l'apprentissage des langues que les Britanniques ou les Irlandais. Et les pires, toutes catégories confondues, restent quand même les Américains, qui ne comprennent même pas à quoi ça peut servir, une autre langue que la leur.

Les Français sont nuls en géographie

Je ne croyais pas à l'existence d'une telle idée reçue chez les Français et – quand un ami m'en a parlé – j'ai commencé à bombarder de questions tous ceux que je rencontrais. J'ai eu l'occasion de participer à deux manifestations qui se déroulent chaque automne en France : le Festival de géographie de Saint-Dié-des-Vosges, et les Journées de l'histoire de Blois. Là aussi on me confirme que les Français se considèrent comme nuls en géographie et très forts en histoire. Comment est-il possible qu'un peuple puisse créer le lieu commun de sa propre faiblesse en géographie ? Pour trouver une réponse, j'ai commencé par lire la presse française, y compris la presse populaire du XIXᵉ siècle. Une chose crève les yeux : cette presse est truffée de notions géographiques. En 1833 naît en France *Le Magasin pittoresque*, créé notamment par Édouard Charton, qui présente cet hebdomadaire en disant : « Nous voulons qu'on y trouve des objets de toute valeur, de tout choix : choses anciennes, choses modernes, animées, inanimées, monumentales, naturelles, civilisées, sauvages, appartenant à la terre, à la mer, au ciel, à tous les temps, venant de tous les pays, de l'Hindoustan et de la Chine, ainsi bien que de l'Islande, de la Laponie, de Tombouctou, de Rome ou de Paris[1]. » *Le Magasin pittoresque*, source précieuse de diffusion culturelle et scientifique, historique et géographique, sera publié jusqu'en 1912.

À partir de la moitié du XIXᵉ siècle, la mondialisation progresse vite. Les empires coloniaux entrent dans la réalité quotidienne de l'opinion publique. Les nouveaux médias (le journal papier existait déjà, mais il se popularise et se transforme radicalement grâce aux nouvelles technologies dans la production du papier, dans l'imprimerie et dans la distribution postale) rendent les aventures coloniales accessibles aux familles, qui ont un grand désir de lecture. La géographie devient très populaire, car elle permet de suivre semaine après semaine ces aventures coloniales, grâce auxquelles le drapeau national flotte sur des terres lointaines ; et le chocolat, le tabac, la rhubarbe et les dattes entrent sur le territoire national. Voilà notre ami Charton qui lance en 1860 à Paris, chez Hachette, une nouvelle revue haut de

---

1. Première édition, 1833.

gamme, *Le Tour du monde*. Il veut ainsi « faire connaître les voyages de notre temps, soit français, soit étrangers, les plus dignes de confiance, et qui offrent le plus d'intérêt à l'imagination, à la curiosité ou à l'étude ». Ce n'est pas un hasard si ce type de presse est particulièrement important en Grande-Bretagne et en France, pays qui disposent des deux principaux empires coloniaux. À la Belle Époque, la presse populaire française propose fréquemment des cartes géographiques. En 1894-1895 il s'agit, par exemple, d'expliquer la guerre sino-japonaise. En 1898, le supplément dominical du *Petit Journal*, l'hebdomadaire illustré de grande diffusion, met à la disposition de ses lecteurs les cartes et les informations géographiques pour décrypter des crises comme l'incident franco-britannique de Fachoda, ou la guerre hispano-américaine avec en jeu le destin de Cuba et des Philippines. Entre 1899 et 1901, on se passionne pour les conséquences de la « révolte des Boxers » en Chine, écrasée par un corps expéditionnaire occidental, avec participation française. Autres récits, images, cartes géographiques. Puis c'est le tour des guerres anglo-boer et russo-japonaise, autres occasions pour apprendre la géographie à travers les aventures politico-militaires du moment.

Après la Seconde Guerre mondiale, la France est persuadée qu'elle peut recréer et relancer son pouvoir colonial dans les cinq continents. Ensuite, il y a le choc de la décolonisation, et peut-être que la géographie paie le prix de la fin des grandes expéditions sur des terres lointaines. Fin du rêve impérial de la France et baisse de l'intérêt des Français pour la géographie, au point que certains cultivent l'idée reçue d'être « nuls » dans la matière en question. Mais l'opinion publique continue de se passionner pour des expéditions internationales, bien que pacifiques, comme la conquête des sommets himalayens par des compatriotes alpinistes. Dans ce cas aussi, on a besoin de connaissances géographiques pour comprendre l'entreprise. La géographie survit à la fin du colonialisme et elle commence à se conjuguer avec l'écologie.

Aujourd'hui, la géographie est enseignée en France comme en Allemagne, en Italie, en Espagne et partout. Elle est probablement mieux enseignée en Europe qu'aux États-Unis, où même des présidents peuvent se tromper sur la localisation d'un État étranger ou d'une ville. « C'est bien ici pour l'Europe, France ? », demande Lorelei (Marilyn Monroe) en s'embarquant à New York pour aller à Cherbourg, au début du film de Howard Hawks *Les hommes préfèrent les blondes*. Sa copine lui explique alors que c'est la France qui est en Europe et non l'inverse ! Peut-être que les personnages interprétés par Marilyn n'étaient pas exactement ceux des professeurs de Harvard, mais la boutade du film est aussi une satire sur les connaissances géographiques de l'Américain moyen : une comparaison qui devrait pousser les Français à mettre fin à leur autoflagellation dans ce domaine.

En plus, les Français ont le Festival de géographie de Saint-Dié, une très bonne initiative, qui permet tous les ans de débattre autour d'une discipline entrée en crise d'identité : au XXIᵉ siècle, la géographie est un « animal » très particulier, qui emprunte de plus en plus des connaissances à l'histoire, à l'économie, à la sociologie, à l'agriculture, aux sciences naturelles ou à la politique. La géographie est à la recherche d'un nouveau souffle, mais ça n'a rien à voir avec ses relations avec l'opinion publique française. Géographie rime aussi avec télévision et sur ce terrain les chaînes françaises sont parmi les meilleures en Europe pour la qualité de leurs émissions de voyages et de reportages écologiques.

Au point qu'avant les élections présidentielles de 2007 les principaux candidats ont accepté de passer un « examen d'écologie » auprès de Nicolas Hulot, auteur d'un programme télé évoquant déjà dans son nom – *Ushuaïa* – le goût de la découverte et le rêve du voyage dans des terres lointaines.

Les Français sont forts en histoire

J'ai l'impression parfois que la réalité s'oppose exactement à l'image que les Français ont d'eux-mêmes : finalement, ils sont meilleurs en géographie qu'en histoire. Les connaissances « de base » de l'histoire nationale sont conditionnées par trois éléments : le souvenir des feuilletons littéraires historiques du XIXᵉ siècle, qui ont eu – dans le contenu et dans la forme – une grande influence sur le cinéma historique français et mondial ; l'ambition de maquiller l'histoire pour exalter les mérites nationaux, en omettant les vérités moins agréables ; la force et le vieux prestige de l'école républicaine, qui ont donné à cette ambition les moyens de s'exprimer.

Alexandre Dumas père a créé une quantité astronomique de personnages d'inspiration historique, grâce auxquels il a rempli de ses écrits les journaux français de la moitié du XIXᵉ siècle. À cette époque, les feuilletons étaient une extraordinaire locomotive pour la diffusion de la presse. Malheureusement, les bons et les mauvais a priori que Dumas avait sur ses personnages (concernant notamment leur courage et leur moralité) sont devenus des vérités historiques dans l'esprit de ses compatriotes. Alexandre Dumas, bien plus que des centaines de professeurs d'université, a conditionné l'interprétation de l'histoire nationale. Prenons l'exemple de Catherine de Médicis. Dans sa *Reine Margot*, datant de 1845, l'auteur la peint comme la quintessence du mal et comme une grande instigatrice de complots. Un siècle et demi plus tard (1994) sort en France le film de Patrice Chéreau *La Reine Margot*, qui adapte pour le septième art ces mêmes fausses idées. Il y a même un « détail » qui n'a rien à voir avec la réalité : l'accession au pouvoir d'Henri III est présentée comme suivant immédiatement la mort de Charles IX. Pour rechercher la vérité, il suffit d'aller au musée Jacquemart-André, à Paris, où l'on peut admirer la fresque de Tiepolo peinte vers 1745, qui met en scène la visite rendue en 1574 par Henri III, futur roi de France, au procurateur Federigo Contarini, à Venise. L'œuvre a été achetée en 1893 par le banquier Édouard André au propriétaire de la villa Contarini à Mira, près de Venise. Le futur Henri III, qui était roi de Pologne, s'est enfui à la mort de son frère et a mis plusieurs semaines pour arriver à destination, à Paris, après être passé par

Venise, où une grande fête fut organisée en son honneur. En regardant le film de Patrice Chéreau, inspiré d'Alexandre Dumas, on a l'impression qu'il a voyagé en Concorde.

L'ambition de maquiller l'histoire, au nom de la raison d'État et des intérêts nationaux, fait partie du PIF, le paysage intellectuel français. Cette ambition devient un art dans les mains des communistes et des gaullistes, réunis dans leur OPA commune sur la Résistance française. Comme le disait le général de Gaulle : « On fait l'histoire avec une ambition, pas avec des vérités[1]. » La France a réécrit son histoire avec l'encre de l'ambition nationale, tandis que d'autres pays – à commencer évidemment par l'Allemagne – devaient aller jusqu'au bout de leur processus d'impitoyable confrontation avec leur propre passé. Dans l'Europe actuelle, la France est l'un des rarissimes pays où tout a été fait pour éviter les déchirures – parfois très douloureuses – liées à la relecture de l'histoire du XXᵉ siècle. Heureusement, après des décennies de prudence, l'école française est aujourd'hui plus ouverte et objective dans l'étude du passé. Les réticences sont en train de laisser la place à la curiosité intellectuelle des jeunes.

---

1. Cité dans *Historiquement correct* de Jean Sévillia, Perrin, 2003, p. 368.

Les historiens français ont su dernièrement se doter
d'un instrument très efficace pour un débat libre et
régulier : les Journées de l'histoire, qui ont lieu
chaque automne à Blois, où Catherine de Médicis
est morte le 5 janvier 1589. Raison de plus pour
aimer l'histoire en se débarrassant de tout ce qui la
camoufle. L'histoire est une chose, le spectacle en
est une autre, et l'ambition nationale (qui rime avec
la politique) une autre encore. Pas d'amalgame, s'il
vous plaît.

Nos ancêtres les Gaulois

Les Français pensent – parfois avec sérieux, parfois avec désinvolture – être les petits-fils de Vercingétorix, le leader d'une partie des Gaulois, né en Auvergne et exécuté à Rome, sur ordre de Jules César, en l'an 46 avant J.-C. La date de naissance de Vercingétorix n'est pas certaine (entre 72 et 82 av. J.-C.), mais, sans doute, ce personnage était-il un surdoué parce qu'il a obtenu en juin 52 avant J.-C. à Gergovie, quand il n'avait qu'une vingtaine d'années, la plus belle victoire militaire gauloise contre les troupes de Jules César. Malheureusement pour lui, il perdit, six mois plus tard, à Alésia, la bataille décisive, la guerre et la liberté. Jules César a gardé pendant six ans son prisonnier dans un cachot avant de le faire défiler, enchaîné, dans les rues de Rome pour son triomphe personnel (deux ans avant son propre assassinat). Une fois terminé ce spot publicitaire mirobolant, il le fit étrangler. Mais voilà un paradoxe : l'homme qui a décidé la mort de Vercingétorix lui a donné aussi l'immortalité, en le transformant en symbole de la fierté de ceux qui allaient vivre, les siècles suivants, sur les mêmes territoires gaulois. C'est le *De bello Gallico* (*Commentaires de la guerre des Gaules*) de Jules César qui a fait entrer dans l'histoire ce « jeune homme, fils de Celtillos, Arverne, qui convoqua ses compatriotes et n'eut pas de peine à les enflammer[1] ».

Au XIXᵉ et au XXᵉ siècle, la France, à couteaux tirés avec l'Allemagne, eut envie de retrouver des racines antérieures à celles du royaume franc. Des historiens se sont repenchés sur les livres de Jules César pour construire le mythe de « Nos ancêtres les Gaulois ». Napoléon III a ensuite fait placer une statue de Vercingétorix sur le lieu présumé de la bataille d'Alésia. Une voie parisienne est devenue la « rue d'Alésia » (rare exemple de consécration d'une défaite dans la toponymie de la capitale.) Dans les villes françaises, ont été érigés des monuments à la gloire de Vercingétorix, proposé aux passants comme un grand barbu, dont le coiffeur était souvent en grève. En 1899, Lionel Royer peignit un tableau intitulé *Vercingétorix jette ses armes aux pieds de César*. Le général de Gaulle avait une certaine idée des Gaulois. Le passant retrouve cette

---

1. Jules César, *De bello Gallico*, livre VII.

dernière dans le monument érigé en l'an 2000 à Paris, devant le Grand Palais, à la gloire du fondateur de la Vᵉ République : « Il y a un pacte vingt fois séculaire entre la grandeur de la France et la liberté du monde », tels sont les mots du Général gravés dans le marbre. « Vingt fois séculaire », comme le chemin de Gergovie à la Vᵉ République.

Mais la première partie de ces vingt siècles, entre Alésia (52 av. J.-C.) et la bataille de Soissons (486 apr. J.-C.), est celle de la période gallo-romaine, qui a vu les ancêtres gaulois s'intégrer assez bien dans le système institutionnel, culturel et économique romain. La période de symbiose entre Gaulois et Romains a été bien plus longue que celle de la résistance gauloise. Avec les invasions et les migrations des uns et des autres, il est évident que la population de la France actuelle a vraiment très peu à voir avec celle de la France de Vercingétorix (comme celle de l'Italie d'aujourd'hui n'est guère identique à celle de l'Italie de Jules César). Bref, parler d'ancêtres gaulois est un discours quelque peu insensé. Mais cette référence n'est pas « généalogique », elle est politique.

Le succès de l'idée reçue « Nos ancêtres les Gaulois » est dû à l'autre paradoxe de Vercingétorix : si d'un côté les vagues migratoires ont rendu absurde toute identification aux Gaulois comme

Français des origines, de l'autre côté, la France moderne a eu besoin de créer ses racines pour intégrer ses immigrés. On ne peut pas se limiter à donner des papiers aux nouveaux venus. Il faut leur donner une identité, une histoire et une fierté nationale. Et qui mieux que notre ami Vercingétorix pour le faire ? L'école de la IIIᵉ République était une formidable « machine à intégrer » les immigrés. Des enfants arrivés d'Italie, d'Espagne, du Portugal, du Maghreb, des anciennes colonies d'Afrique et d'Indochine prenaient place sur les bancs d'une école primaire de cette République française, et cinq minutes plus tard ils étaient sûrs et certains d'être tous les petits-fils de Vercingétorix. L'école de la IIIᵉ République a repris les mythes gaulois tels qu'ils avaient été établis en 1875 par Henri Martin dans son *Histoire populaire de la France* et Vercingétorix, grand-père de tous les écoliers, est devenu une figure de héros romantique. En 1877, c'est *Le Tour de la France par deux enfants* qui reprend l'image de Vercingétorix, en ajoutant une pièce importante à l'édification du mythe de « Nos ancêtres les Gaulois ». Bien sûr, il s'agit d'une idée reçue. Mais c'est une idée reçue utile, même si les immigrés italiens en France ont vécu la situation fort curieuse de changer d'ancêtres, et de passer du camp des Romains à celui des Gaulois. Ils étaient les petits-fils de Jules César, et ils sont devenus les petits-fils de Vercingétorix. Le 21 avril 1977, à l'occasion du sommet des chefs d'État africains francophones, *Le Figaro* publiait à la une un délicieux dessin de Jacques Faizant représentant le président Giscard parlant à ses interlocuteurs de « Nos ancêtres les gaulliens ». Drôle de mélange entre histoire et politique.

En réalité, le personnage qui a fait le plus pour fonder le mythe de « Nos ancêtres les Gaulois » est un petit moustachu qui répond au nom d'Astérix. L'identification nationale et l'envie de découvrir (ou d'imaginer) ses propres racines sont passées par la bande dessinée, mais ce chemin a été un vrai défi planétaire entre le petit héros des Gaules – Astérix, nouveau Vercingétorix – et le grand empire bouffe-tout : l'Amérique de l'oncle Picsou, nouveau Jules César (au début de la IIIe République, la presse française avait plus sérieusement essayé d'identifier le méchant Jules César avec Bismarck). L'idée reçue de « Nos ancêtres les Gaulois » s'est matérialisée à partir des années 1990 dans une bataille en règle, qui a eu lieu dans les anciens champs franciliens de maïs et de betteraves, rendus disponibles par suite de la surproduction agricole européenne en sucre et en céréales. Les deux armées de faux personnages historiques et de vrais travailleurs du tourisme ont pris position trente kilomètres au nord et trente kilomètres au sud-est de Paris, dans des lieux appelés Parc Astérix et Disneyland Paris.

Ainsi, la bataille des racines et l'idée reçue de « Nos ancêtres les Gaulois » ont alimenté une nouvelle économie, où l'envie de s'amuser a pris le pas sur le besoin de labourer les champs. Mieux vaut passer ses dimanches à arbitrer la guerre commerciale gallo-américaine qu'à creuser les sillons des champs de céréales et les abreuver d'un sang impur. Merci, Vercingétorix, de nous avoir fait cadeau d'une idée reçue si sympathique ! Et merci, Jules César, de nous avoir fait connaître Vercingétorix !

Le Front populaire. Victoire en chantant et réalisations historiques

Les célébrations du soixante-dixième anniversaire du Front populaire, qui ont eu lieu en 2006, ont vu la gauche se réunir l'espace d'un matin dans un élan de nostalgie. On a entendu des discours, aux accents lyriques, au sujet des congés payés et de la semaine de 40 heures. « Est-ce ces centaines de milliers de visages riants aux fenêtres des trains matinaux en partance pour la côte d'Opale qui symbolisent le mieux le Front populaire ? Comme ces couples roulant en tandem sur les routes bucoliques de la campagne française, ils prennent, à l'été 1936, leurs premières vacances », affirme un document commémoratif du PS. « On chantait des lendemains qui brillent, on levait le poing vers l'espérance, on défilait vers le futur. Été 1936. Un peuple trouve sa dignité, un gouvernement fait de grandes réformes, des ouvriers qui n'ont jamais vu la mer regardent au-delà de l'horizon », peut-on lire dans le numéro spécial publié par *Le Nouvel Observateur* soixante-dix ans après la victoire de la gauche. L'un des titres de ce même journal est : « Ce sentiment enivrant que tout était possible. » Un autre : « La victoire en chantant. »

Vacances et 40 heures sont les deux réformes grâce auxquelles l'idée reçue du grand succès historique du Front populaire se balade, depuis bien longtemps, à travers la France et le monde. Malheureusement, on oublie, ou on sous-estime, certains éléments, qui ne sont pas vraiment des détails : a) le Front populaire a soigneusement évité de donner le droit de vote aux femmes ; b) le Front populaire a continué la politique coloniale ; c) le gouvernement français du Front populaire a proclamé la politique de la non-intervention en Espagne, où le « Frente popular » avait gagné en février 1936 et où le coup d'État de Franco avait entraîné l'intervention et le soutien de l'Allemagne nazie et de l'Italie fasciste ; d) le Front populaire a maintenu la peine de mort et même la macabre liturgie de l'exécution publique des condamnés ; e) le Parlement, élu en mai 1936, a voté en juillet 1940 les pleins pouvoirs au maréchal Pétain.

Je n'ai aucune intention d'entrer dans un débat historique – sans doute nécessaire – au sujet de l'expérience du Front populaire. Ce débat existe, bien sûr, depuis longtemps. Je me permets seulement d'exprimer des doutes sur la perception que l'opinion publique française a de cette période, considérée, surtout à gauche, comme extraordinaire, magique, mirobolante, au détriment de certaines considérations à mon avis très opportunes, en particulier sur la peine de mort et le droit de vote des femmes.

Le problème de la peine de mort ne peut pas être pris à la légère. En 1936, d'autres pays l'avaient déjà abolie. C'est le cas de l'Italie, qui l'avait supprimée de son Code pénal en 1889 (même si le fascisme l'a réintroduite en 1926). La peine de mort (qui, en empêchant toute possibilité de rééducation, relève de la vengeance et pas de la justice) constitue une violation flagrante des droits de l'homme, que la France a maintenue avec le Front populaire et aussi après la guerre. Les Constitutions allemande (RFA) et italienne de l'après-guerre ont aboli ce supplice. Les Constitutions françaises de 1946 et de 1958 ont soigneusement évité de le faire.

Quant au droit de vote des femmes, je continue à entendre dans la gauche française une explication vraiment difficile à avaler : le Front populaire n'aurait pas fait cette réforme de crainte que les femmes, manipulées par l'Église, votent contre lui. Belle démonstration de démocratie ! Belle démonstration de confiance accordée aux femmes.

Quant au vote du 10 juillet 1940, à Vichy après la défaite militaire de la France, on ne peut vraiment pas dire que les députés élus à l'occasion du scrutin du 26 avril et du 3 mai 1936 – au moment de l'historique victoire du Front populaire – aient montré une particulière détermination contre les Allemands : sur les 649 parlementaires votants, 80 (57 députés, dont Léon Blum, et 23 sénateurs) ont dit « non », 20 se sont abstenus et 569 ont approuvé l'article unique donnant « tous pouvoirs au gouvernement de la République sous la signature et l'autorité du maréchal Pétain, président du Conseil, à l'effet de promulguer par un ou plusieurs actes la nouvelle Constitution de l'État français ». En général, on insiste sur le fait que les parlementaires communistes n'ont pas participé à ce vote, ayant été déclarés déchus de leur mandat à la suite de la loi du 21 janvier 1940. On a tendance en revanche à ne pas insister sur deux éléments : a) de toute façon leur présence n'aurait pas changé le résultat du vote (le nombre des parlementaires communistes étant insuffisant) ; b) les communistes n'avaient pas été déclarés déchus de leur mandat parlementaire du fait de leur attitude hostile à Hitler, mais à cause de leur attitude favorable au pacte germano-soviétique d'août 1939 (et donc aux intérêts de Hitler) à un moment où ils dénonçaient comme « guerre impérialiste » l'entrée de la France et de la Grande-Bretagne dans le second conflit mondial, provoqué par l'invasion allemande de la Pologne du 1er septembre 1939.

Les Français ont libéré Paris

« Paris outragé ! Paris brisé ! Paris martyrisé ! Mais Paris libéré ! Libéré par lui-même, libéré par son peuple, avec le concours des armées de la France, avec l'appui et le concours de la France tout entière, de la France qui se bat, de la seule France... », dit le général de Gaulle dans son célébrissime discours du 25 août 1944 à la mairie de Paris. Pourtant ces mots, cités des milliers et des milliers de fois par les médias français, ainsi que par les livres d'histoire et par les textes scolaires, ne correspondent pas exactement à la réalité.

Laissons tomber l'évidence, bien connue, c'est-à-dire le rôle absolument fondamental que les forces anglo-américaines ont eu dans la libération de la France. Les mots archiconnus du discours du Général ignorent l'action et aussi le sacrifice accompli par les nombreux résistants des autres pays européens dans la libération de Paris et de la France. En particulier le rôle de tout premier plan joué par les Espagnols, présents à la fois parmi les résistants des Francs-tireurs partisans (FTP) et parmi les soldats du général Leclerc, personnage clé de la libération de Paris.

La plupart des blindés français qui se sont battus contre l'occupant nazi et qui sont arrivés en premier, le soir du 24 août 1944, à l'Hôtel de Ville de Paris, portaient sur leur carapace des noms évocateurs, comme Ebro, Teruel, Brunete, Santander, Guadalajara, Guernica ou Don Quijote. L'équipage de ces blindés était espagnol. Il s'agissait des soldats de la 9ᵉ compagnie de la 2ᵉ division blindée du général Leclerc.

Commandée par le capitaine français Raymond Dronne, la 9ᵉ compagnie était composée en majorité de républicains espagnols : 146 hommes sur 160. Ces Espagnols avaient déjà combattu le nazi-fascisme jusqu'en 1939 dans leur patrie et, réfugiés en France, ils s'étaient engagés dans la Légion étrangère. Au moment de l'armistice de 1940, de l'appel du 18 juin du général de Gaulle et du vote des pleins pouvoirs à Pétain (par le Parlement de la République française), ces Espagnols avaient déjà combattu avec les Français en Norvège (contre les Allemands). Ensuite ils ont choisi la France libre du général de Gaulle et ils ont commencé au Tchad la longue marche de la liberté sous les ordres de Leclerc. En 1943, quand la 2ᵉ DB a été créée, ils ont formé une partie importante de ses forces. La 9ᵉ compagnie de la 2ᵉ DB était appelée par tout le monde la « Nueve », en langue espagnole.

Sur le site web gaullisme.fr, dont le slogan est « La France ne peut être la France sans la grandeur », on peut lire la phrase suivante : « Historiquement, le premier combattant FFL à entrer dans Paris s'appelle Raymond Dronne. Ce capitaine manceau, surnommé "la Brêle", est un baroudeur. Alors que la bataille fait rage et que la résistance allemande retarde les plans de Leclerc, le capitaine Dronne tente un raid à la tête de trois voitures. Le 24 août, à 21 h 22 très précisément, il atteint l'Hôtel de Ville. » Le capitaine Dronne, chef de la « Nueve », arrive à l'Hôtel de Ville avec ses hommes, en majorité espagnols. Des républicains espagnols qu'une certaine France (incapable de s'imaginer « sans la grandeur ») essaiera pendant un demi-siècle d'oublier. D'effacer. De traiter comme des « sans-papiers de l'histoire », qu'on peut chasser sans problème des livres, des discours et des souvenirs. Paris a une dette vis-à-vis des républicains espagnols de la « Nueve » et aussi de tous les autres étrangers (Italiens, Polonais, Belges, Hollandais, Allemands, Russes et, encore une fois, surtout Espagnols) qui ont participé au cœur de cette ville à la reddition des troupes du général Dietrich von Choltitz.

Les événements de mai 1968
sont nés en France

« Un séisme mondial », m'a dit en 1978 Hubert Beuve-Méry au sujet des événements de mai 1968. Beuve-Méry venait parfois au 31 de la rue du Louvre, dans les locaux du Centre de formation et de perfectionnement des journalistes (CFPJ) où je me trouvais à l'époque.

À la différence de beaucoup de Français, qui donnent de Mai 68 une image nombriliste et stéréotypée, Beuve-Méry savait replacer les événements français dans un contexte bien plus vaste et plus compliqué. Parfois il ironisait sur l'aspect français de ce puzzle mondial. Je me souviens en particulier du sourire qu'il a eu en me parlant du voyage de De Gaulle à Baden-Baden. Mais il avait cette vision d'ensemble qui fait de plus en plus défaut aujourd'hui aux récits français sur cette époque. Plus les anniversaires se succèdent, et plus on essaie de faire croire que la vague de protestation européenne est née à Nanterre le 22 mars 1968 avec l'occupation de la tour administrative par un groupe d'étudiants.

Le « séisme » n'a certainement pas eu une seule cause et encore moins une seule patrie. Rarement dans l'histoire humaine on a assisté à des faits allant tous dans la même direction, sans avoir aucune coordination entre eux. L'opposition à la guerre du Vietnam a été sans doute un facteur déclenchant et unifiant : de grandes manifestations pacifistes avaient eu lieu dans les années précédentes aux États-Unis et, sur le campus universitaire de Berkeley, les contestations des étudiants avaient abouti à des situations de tension extrême. En plus, l'année 1968 avait commencé par l'« offensive du Têt » contre les Américains au Sud-Vietnam, dont l'impact psychologique a été énorme dans le monde entier.

En Allemagne, en France, en Italie et dans bien d'autres pays : les jeunes nés après la guerre sont les premiers à arriver massivement à l'université et ils commencent à se demander si leur futur diplôme ne risque pas d'être moins utile que dans le passé. L'université a changé, mais ses règles intérieures sont restées presque toujours les mêmes. Des étincelles explosent partout. En particulier en Allemagne (où la protestation contre le « système » se couple aux critiques de Herbert Marcuse contre la société de consommation), en France et en Italie. Dans chaque pays, le mouvement de protestation a tendance à être identifié à un personnage charismatique. En Allemagne, c'est Rudi Dutschke. En Italie, Mario Capanna, exclu de l'université catholique de Milan à cause de son engagement politique. En France, le « Mouvement du 22 mars » s'identifie à Daniel Cohn-Bendit et il est intéressant de relire à ce propos quelques lignes de *Génération*, l'histoire de cette période écrite par Hervé Hamon et Patrick Rotman : « Le Mouvement du 22 mars est une mouvance, un creuset, sans programme, sans hiérarchie officielle, sans dirigeants élus. Des leaders, il n'en manque point, mais leur autorité ne provient que de la force de la persuasion, de l'imagination, de la réflexion. Assez libertaire pour les anars, assez réfléchi pour les léninistes, Cohn-Bendit est un meneur naturel, exact baromètre de la sensibilité médiane, armé d'un bon sens aigu, d'un flair et d'une intuition rares [1]. »

Le vrai point de départ des événements de 1968 en Italie est la manifestation du 1er mars à Rome, qui se termine par la « bataille de Valle Giulia », près de la faculté d'architecture. Ces accrochages entre la police et les étudiants provoquent les protestations

---

1. Tome II, « Les années de poudre », Le Seuil, 2008, p. 431.

de la gauche contre les forces de l'ordre. Le printemps 1968 a été un vrai moment de mondialisation. Le monde ne commence pas à Nanterre pour finir à la Sorbonne même si les images du « Mai français » ont eu un impact impressionnant au niveau mondial, tout comme le slogan « Ce n'est qu'un début, continuons le combat ». Quelques mois plus tard, dans le contexte d'un mouvement de rébellion encore très « anarchiste » des universités italienne, les couloirs des facultés de lettres, de philosophie, de droit et de sciences politiques de Milan ont vu fleurir des affiches sur lesquelles était dessiné un personnage imaginaire de la nouvelle révolution. Il s'appelait Kandebu, déformation italienne du début du slogan français « qu'un début ». Mais cette période de spontanéité amusante a été de courte durée : bientôt le militantisme révolutionnaire put s'imposer et les dessins humoristiques de Kandebu ont laissé la place aux portraits de Marx, Lénine, Staline et Mao....

Strasbourg, capitale européenne

La scène se déroule le 4 septembre 2008 lors du déjeuner-débat au premier jour des travaux de l'université d'été organisée à Strasbourg par l'ACFCI, l'Assemblée des chambres françaises de commerce et d'industrie, en présence du secrétaire d'État aux Affaires européennes, Jean-Pierre Jouyet. Un dirigeant de l'ACFCI prend le micro pour ouvrir la séance de travail gastro-intellectuel, quand un lapsus lui échappe. Il dit : « Nous sommes ici réunis à Bruxelles pour parler d'Europe. » Il en sourit immédiatement, en précisant qu'on est bien sûr à Strasbourg et non à Bruxelles. Mais la force de l'identification Bruxelles-Europe, désormais habituelle pour tout le monde, peut évidemment jouer des mauvais tours. Le ministre prend alors la parole et commence avec une certaine emphase, peut-être pour gommer l'impression laissée par le lapsus : « Nous sommes réunis à Strasbourg, capitale européenne. » Officiellement on ne plaisante pas sur l'idée (reçue) que la capitale de l'Alsace est aussi celle de l'Europe. En réalité, ça se discute. Les mêmes journaux français qui parlent de « Strasbourg, capitale européenne » utilisent régulièrement des expressions comme « Bruxelles a décidé de... ». C'est dire s'ils connaissaient parfaitement l'identification géographique des institutions communautaires à Bruxelles. On pourrait argumenter que la ville belge est, en particulier, le siège d'une institution communautaire – la Commission – et que les fréquentes expressions du style « Bruxelles a décidé de... » font référence au rôle de cet important organisme. Beaucoup de décisions de la Commission de Bruxelles sont exécutées par les administrations des États-membres et des collectivités locales. La Commission européenne doit donc forcément travailler de concert avec la représentation des gouvernements nationaux (qui se trouve, elle aussi, à Bruxelles, où il y a le palais du Conseil des ministres) et avec le Parlement européen, dont le siège est objet d'une longue polémique. Les traités fixent le siège officiel du Parlement européen à Strasbourg, mais prévoient deux lieux de travail, Strasbourg et Bruxelles, où les eurodéputés passent sans aucun doute la plupart de leur temps à l'intérieur des institutions communautaires. C'est à Bruxelles que siègent les commissions du Parlement européen, où est fait le vrai travail d'élaboration des textes destinés à l'hémicile. À Bruxelles, il y a à la fois les commissions et l'hémicile. À Strasbourg seulement l'hémicile, quatre jours et demi chaque mois.

Pour donner un minimum de signification à l'inoxydable idée reçue selon laquelle « Strasbourg est la capitale européenne », les autorités françaises de toute couleur politique ont imposé aux membres et aux fonctionnaires du Parlement européen une navette continue entre la capitale de l'Alsace et celle de l'Union. Une partie des sessions de l'Assemblée communautaire (les « ordinaires ») doivent impérativement se dérouler à Strasbourg. « Doivent » jusqu'à un certain point, comme on l'a bien vu à l'automne 2008, à la suite d'un accident qui le 7 août précédent aurait pu faire bien des victimes : dix tonnes de faux plafonds sont tombées d'une vingtaine de mètres de haut dans l'hémicycle strasbourgeois, vide grâce aux vacances. La situation d'urgence a imposé une entorse au sacré principe selon lequel les sessions ordinaires sont destinées à l'Alsace. Pour le Britannique Graham Watson, président du groupe libéral, « il faut que le ciel leur tombe sur la tête pour que les Gaulois acceptent que le Parlement européen siège à Bruxelles ». Une bonne partie des membres de l'Assemblée parle de la « comédie inutile et dispendieuse des allers-retours entre Strasbourg et Bruxelles ». Chaque mois, à la veille des douze sessions ordinaires du Parlement, des centaines de voitures, de fourgons et de camions (chargés de personnel et d'une montagne de documents) commencent leur navette depuis Bruxelles en direction de Strasbourg pour revenir en sens inverse au bout d'une semaine (quatre à cinq jours ouvrables) de travail. Un peuple migrateur, composé de centaines de députés européens et d'au moins trois mille assistants, parcourt les autoroutes de l'Europe centrale pour faire dans une ville ce qu'il pourrait parfaitement (et peut-être mieux) faire dans une autre. Un exercice qui coûte chaque année au contribuable européen 200 millions d'euros et qui provoque l'émission dans l'atmosphère de 20 000 tonnes de CO_2. Ce dernier argument est particulièrement important pour les Verts. Daniel Cohn-Bendit affirme ainsi qu'à son avis « il faut arrêter le cirque de quatre jours par mois » des navettes Bruxelles-Strasbourg.

Évidemment, l'Europe a une dette vis-à-vis de Strasbourg, ville qui a une connotation historique particulière et extraordinaire pour nous tous. Déjà à ses débuts, l'Europe communautaire a siégé dans la capitale alsacienne, transformée de symbole de guerre en symbole de paix et de coopération. C'est dans l'hémicycle de Strasbourg que le 16 juin 1953

– lors de la réunion de cet embryon parlementaire qui s'appelait « Assemblée du pool charbon-acier » – Jean Monnet a prononcé l'une des phrases les plus importantes politiquement pour l'édification communautaire : « Il n'y a pas d'autre voie pour l'Europe que celle de l'unité, de la confiance en soi et d'une ligne de conduite déterminée et réaliste. Cette Europe n'est pas construite sous la pression russe, elle n'est pas le produit de la crainte : elle est le résultat de la confiance en soi[1]. »

Une dette historique, comme celle que l'Europe a vis-à-vis de Strasbourg, est aussi une dette très concrète. D'ailleurs Strasbourg est depuis le 5 mai 1949, date de la création du Conseil de l'Europe, le siège de cette organisation internationale, qui n'est pas liée à l'Union européenne, mais qui a hébergé pendant plus de vingt ans les sessions officielles du Parlement européen (jusqu'à la construction du nouveau bâtiment de cette institution communautaire). Aujourd'hui le Conseil de l'Europe compte quarante-sept membres et a une authentique dimension paneuropéenne. Son objectif est de favoriser en Europe un espace démocratique et juridique

---

1. « Large débat politique à Strasbourg où siège l'Assemblée du *pool*. "L'Europe n'est pas construite sous la pression russe, elle est le résultat de la confiance en soi", déclare Jean Monnet » (*Le Monde*, 18 juin 1953, p. 3).

commun, organisé autour de la Convention européenne des droits de l'homme. Le Conseil de l'Europe veut, entre autres, « favoriser la prise de conscience et la mise en valeur de l'intensité culturelle de l'Europe et de sa diversité ». Pour Strasbourg, le siège de cette instiution est une vraie valeur ajoutée. Strasbourg a aussi obtenu le siège de la Cour européenne des droits de l'homme (aussi appelée CEDH ou cour de Strasbourg, par opposition à la Cour de justice des Communautés européennes, basée à Luxembourg), organe juridictionnel supra-national créé par le Conseil de l'Europe. Depuis 1998, la CEDH siège dans la capitale alsacienne. La ville de Strasbourg et ses habitants ont probablement de moins en moins à gagner à un privilège aléatoire qui dérive d'une imposition française au reste de l'Europe au sujet des réunions du Parlement. Ils auraient, en revanche, beaucoup à gagner si l'incontestable force politique de la France était utilisée pour leur donner d'autres compensations qui soient à la hauteur de leurs justes et bien compréhensibles ambitions. Mais pour l'instant ce sujet est en France presque tabou.

Les Français sont antiaméricains

À Paris, il y a un curieux monument, sur la rive droite de la Seine, devant le pont Marie. Il a la forme de la péninsule coréenne et il rappelle l'engagement de la France – avec les États-Unis et dans le contexte de l'Onu – dans la guerre de Corée (1950-1953). À cette époque, la France recevait le soutien américain dans la guerre indochinoise, terminée en 1954 à Diên Biên Phu. De la Corée à l'Afghanistan, où Paris s'est engagé en 2001 (au lendemain du 11 Septembre), les moments de convergence franco-américains ont été bien plus nombreux et bien plus importants que les polémiques. Et pourtant, ce sont ces dernières que retient le plus l'opinion publique, en donnant la fausse impression d'un antiaméricanisme « structurel » et intrinsèque de la politique étrangère française ainsi que du peuple français.

Il suffit d'aller au cinéma pour voir les clins d'œil réciproques entre films américains et français. Les réalisateurs américains ont souvent observé l'Europe en général et la France en particulier avec une tendresse parfois à la limite de la naïveté, notamment en suivant tous les clichés parisiens. Les films américains, dont Woody Allen est devenu le porte-drapeau en Europe, suscitent en France un intérêt extraordinaire. Les jeunes Français, du moins ceux qui peuvent le faire, vont volontiers étudier aux États-Unis et bien des cerveaux français recherchent un job outre-Atlantique. Pendant des années, Luc Montagner s'est querellé avec les Américains au sujet de la découverte du virus VIH, mais – quand les Français l'ont mis à la retraite – il est tout de suite allé travailler en Amérique. On assiste aussi à des come-back : Christine Lagarde a quitté son cabinet d'avocats à Chicago pour entrer au gouvernement à Paris.

Pour en revenir à la politique internationale, certains exemples ne laissent pas de doute sur le fait que Français et Américains recherchent une « entente cordiale » dans les moments les plus importants. En octobre 1962, la crise est très sérieuse : l'URSS a installé à Cuba des missiles à courte et moyenne portée, susceptibles d'atteindre le sol américain avec beaucoup plus de rapidité et de précision que les missiles intercontinentaux. Une arme presque imparable. Le monde était au bord de la guerre et le soutien de la France dans un moment si difficile fut très apprécié par les Américains.

Fin des années 1970, les Soviétiques installent une version bien plus moderne du même genre de missiles (à tête nucléaire multiple, les SS-20) dans les pays de l'Est, menaçant l'Europe occidentale. La réaction commune euro-américaine, en décembre 1979, est l'installation de missiles de croisière à tête nucléaire en Grande-Bretagne, aux Pays-Bas, en Italie et en Allemagne et de missiles balistiques à moyenne portée (Pershing-2) sur le seul sol allemand. Les villes occidentales deviennent le théâtre des plus grandes manifestations pacifistes depuis la guerre du Vietnam. L'antiaméricanisme se renforce partout. Sauf en France. François Mitterrand déclare : « Les missiles sont à l'Est, les pacifistes à l'Ouest. » Au moment le plus chaud de la crise, il se rend à Bonn, où, le 20 janvier 1983, il prend la parole au Bundestag, le Parlement allemand, pour soutenir la cause de l'installation des missiles américains, en désaccord évident avec la gauche pacifiste de la République fédérale.

« Votre discours de Bonn renforce l'alliance au moment où les pays européens avouent sinon leur impuissance, du moins leur anxiété devant le poids de leur opinion. Je partage pleinement votre jugement sur les risques de découplage entre l'Europe et

245

les États-Unis. Votre discours constitue une contribution importante à nos efforts mutuels pour renforcer la sécurité de l'Occident. Vous avez raison d'insister sur la nécessité de la "solidarité et de la détermination" comme base nécessaire pour le désarmement. Votre discours particulièrement clair sur ce problème est d'une valeur inestimable[1] », écrit le président Ronald Reagan à François Mitterrand le 28 janvier 1983 en faisant allusion à l'allocution du président français et à la vague de manifestations en Europe (en particulier en Allemagne, Grande-Bretagne et Italie) contre l'installation des « euromissiles » américains. Entre les foules de la gauche européenne, criant contre les Américains, et la ligne de Washington et de l'Otan, la France de gauche n'a pas beaucoup hésité et s'est ralliée à cette dernière.

Face à une Union soviétique armée jusqu'aux dents, ayant installé des missiles à courte et moyenne portée en Europe orientale, François Mitterrand était parfaitement conscient – à ce moment clé pour le destin du Vieux Continent – du risque de « découplage » entre Washington et le reste de l'Occident. Bref, il fallait retenir et engager les Américains sur le sol européen pour empêcher le

---

1. Jacques Attali, *Verbatim*, Fayard, tome 1, 1993, p. 389.

scénario catastrophe d'une invasion soviétique de la République fédérale d'Allemagne (et éventuellement d'autres pays occidentaux) suite à la fin du « parapluie » nucléaire américain sur l'Europe. Il fallait donc empêcher la séparation stratégiquement dramatique entre la sécurité des États-Unis et celle de leurs alliés européens. Bien que dotée d'une défense nucléaire autonome, la France se serait trouvée – dans cette hypothèse – isolée face à un pacte de Varsovie immensément plus puissant. Voilà Mitterrand et Reagan unis par la crainte (presque obsessionnelle) du neutralisme allemand et par l'idée de l'absolue nécessité d'une réponse occidentale aux nouveaux missiles soviétiques.

Janvier 1991 : le monde a bien changé et le démantèlement de l'URSS est en cours lorsque le président George Bush attaque l'Irak, qui avait occupé le Koweït. La France est une fois de plus aux côtés de Washington et Mitterrand paie le prix politique de la rupture avec la démission de son ministre de la Défense Jean-Pierre Chevènement, qui quitte et le gouvernement et le Parti socialiste. Début 2003 explose la dure polémique franco-américaine sur la guerre en Irak. Paris et Washington paraissent plus loin que jamais, mais le gel des relations bilatérales est de courte durée.

Mai 2007 : Nicolas Sarkozy entre à l'Élysée dans un monde qui a encore beaucoup changé et où les Américains commencent à constater les bases fragiles de leur puissance. Ses premières vacances se déroulent aux États-Unis, près de la résidence de campagne de la famille Bush dans le Maine. George père, George fils, Barbara et Laura préparent salade et barbecue pour l'ami français, qui arrive tout seul, parce que la *first lady* de l'époque n'aime pas la politique (ni peut-être les Bush, la salade et le barbecue). Mais elle aime l'Amérique, où elle va passer de longs séjours avec son futur nouveau mari. Bref, on peut aimer l'Amérique sans aimer les Bush. Quant à Sarkozy, il aime aussi l'OTAN, ayant décidé en mars 2009 l'entrée de Paris dans la structure militaire intégrée de l'Alliance, que le général de Gaulle avait quittée en 1966.

Un symbole de l'amitié franco-américaine est la *Liberty Enlightening the World*, plus connue en France sous le nom de statue de la Liberté. Elle a été offerte aux Américains par les Français en 1886, à l'occasion du centenaire de l'indépendance des États-Unis d'Amérique (à laquelle la France avait beaucoup contribué). La statue – qui est « cousine » de la tour Eiffel parce que sa structure interne est l'œuvre du même Gustave Eiffel – a eu plusieurs répliques, y compris celle, beaucoup plus petite, située au milieu de la Seine, à Paris. En 1987, *The International Herald Tribune*, imprimé sur les cinq continents, créé à Paris en 1887, a promu une souscription mondiale pour offrir à la capitale française une réplique exacte – à l'échelle – du flambeau de la statue de la Liberté. Le monument se trouve juste au-dessus du tunnel de l'Alma. Après l'accident qui, le 31 août 1997, a coûté la vie à la princesse lady Diana à l'intérieur du même tunnel, le « flambeau de la liberté » a été transformé par les admirateurs de la princesse en « sanctuaire ». De temps en temps, la Ville de Paris fait nettoyer le monument de tous les messages et les objets de vénération pour Diana. Rien à faire. Parisiens et touristes ont toujours recommencé à utiliser le flambeau de la liberté et de l'amitié franco-américaine pour réchauffer leur cœur et leur imagination.

Les Français respectent l'environnement

Les Français aiment leur campagne et décrivent volontiers, avec une fierté tout à fait compréhensible, les endroits bucoliques dont leur famille est originaire. Un délicieux coin de la Bretagne, où l'on peut observer le retour des bateaux de pêche et où l'on peut encore visiter les canaux creusés pendant les siècles pour transporter la tourbe, devenus aujourd'hui une tranquille réserve naturelle pour les oiseaux et aussi (malheureusement) pour leurs ennemis les chasseurs. Un endroit de Normandie, où il pleut beaucoup, mais où on dit : « La pluie est notre pétrole. » Un village plein de charme en Alsace, en Bourgogne ou dans n'importe quelle autre région française.

Animés comme ils le sont par leur amour pour la campagne, les Français pensent respecter la nature, mais cette affirmation ne correspond pas tout à fait à la réalité. Un livre et un film, *made in Italy*, ont eu un succès considérable en France : *Gomorra*, récit bouleversant des méfaits de la « Camorra », la mafia napolitaine. Parmi ces méfaits, une place de choix est tenue par les blessures à l'environnement perpétrées par les organisations criminelles, pour lesquelles « la monnezza è oro » (phrase en dialecte de Naples, pour dire que même les déchets peuvent devenir source de richesse). Des déchets dangereux étaient éliminés de façon sauvage par la Camorra. Le spectateur du film s'indigne à juste titre, indépendamment de sa nationalité, face à de telles scènes.

En France, l'État est bien plus fort qu'en Italie, et des scènes comme celles décrites par *Gomorra* sont considérées comme inconcevables. On pense que l'État n'aurait pas fermé les yeux. Mais parfois l'État a été lui-même le protagoniste de comportements (presque) aussi dangereux pour l'environnement. Le problème des déchets dangereux a été parfois abordé en France de façon « légère ». Surtout dans la gestion des déchets liés à l'importante industrie nucléaire, les institutions publiques françaises ont agi pendant des décennies dans un contexte d'opacité inquiétant.

La tradition française veut que le principe de précaution se fasse discret face à la raison d'État en général et aux intérêts de l'industrie nucléaire en particulier. Aujourd'hui, la situation a changé, mais on ne connaît pas les dégâts causés dans le passé par certaines habitudes à haut risque, comme celle de cacher les déchets dangereux « sous le tapis » de la campagne française. Plusieurs autres pays européens ne pourraient pas se permettre – pour des raisons politiques – une telle désinvolture dans la gestion de l'industrie nucléaire et dans le traitement des déchets. Aussi ont-ils recours à la France, qui parvient à faire digérer à son opinion publique ce qui serait tout à fait indigeste en Allemagne ou dans d'autres États voisins. Le nucléaire français profite de sa popularité à l'intérieur des frontières : la gauche allemande et la gauche italienne sont sceptiques (voire ouvertement opposées) face au nucléaire, tandis que la gauche française (mis à part les Verts, d'ailleurs généralement assez pragmatiques et flexibles sur ce point) est tout à fait « atomique ».

Les Italiens n'ont pas de centrales nucléaires, mais ils achètent en France de l'énergie produite par le nucléaire. Peut-être créeront-ils un jour ces centrales grâce à la collaboration, non désintéressée, de la France. Les Allemands en ont, mais ils ont besoin de la France pour traiter leurs déchets. Les Italiens ont désormais du mal à enterrer même les déchets dérivés radioactifs issus des hôpitaux. Autrefois, on pouvait se servir de la Camorra. Maintenant ils sont prêts à payer les Français pour qu'ils se chargent de tout ce qu'il y a de radioactif dans la péninsule. Entre-temps, dans les belles campagnes de la région lyonnaise, il y a le résidu d'un « monstre » gigantesque et inutile, le surgénérateur nucléaire Superphénix. Le rêve des surgénérateurs s'est révélé absurde. Les Français ont quand même réalisé dans les années 1970 et 1980 cette imposante centrale, ensuite fermée. Les Allemands, les Italiens et les Hollandais, qui n'auraient jamais pu réaliser une telle initiative sur leur sol, ont payé une bonne partie de la facture de Superphénix. En 2009, 1 204 établissements industriels classés Seveso[1] sont opérationnels en France, dont 647 considérés « à haut risque ». Selon *Le Monde* (5 mars 2009) « seulement cinq plans de prévention ont été adoptés, bien que quatre cent vingt et un étaient censés l'être avant juillet 2008 ». Et pourtant le drame de l'explosion de l'usine chimique AZF de Toulouse en 2001 est toujours dans la mémoire des Français… Bizarrement, ces derniers s'inquiètent bien plus de l'avenir de leurs forêts que du problème des déchets.

---

1. Seveso est la ville de Lombardie où, le 10 juillet 1976, un incident industriel provoqua une catastrophe écologique.

La forêt française est en danger

« La forêt française n'a jamais été aussi étendue et productive depuis deux siècles. Or, l'opinion la plus répandue se situe à l'opposé de cette réalité », affirme un document préparé dans le contexte de l'opération « À l'école de la forêt », lancée en 1990 par les ministères de l'Agriculture et de l'Éducation nationale.

La forêt française est en pleine expansion et elle a presque doublé sa superficie entre Napoléon III et Nicolas Sarkozy : elle couvrait huit millions d'hectares à la moitié du XIXᵉ siècle et elle en atteint seize millions en ce début de XXIᵉ siècle. Les trois quarts de la forêt française appartiennent à des propriétaires privés. Pendant la première moitié du XIXᵉ siècle, la déforestation a été brutale dans plusieurs pays européens, dont la France. Le bois était une source d'énergie fondamentale et en même temps la surface agricole n'arrêtait pas de s'étendre. La forêt en a fait les frais.

En janvier 1840, l'hebdomadaire parisien *Le Magasin pittoresque* posait d'une façon très moderne le problème écologique de la destruction de la forêt française, en le comparant avec la situation britannique. L'article commence ainsi : « Pour justifier la destruction de nos forêts en France, les hommes qui y ont porté la hache ont allégué l'exemple de l'Angleterre, qui n'a pas de forêts, dit-on, qui s'en inquiète peu, et n'en est pas moins fort riche. » Étrange : ce débat ressemble comme deux gouttes d'eau à celui qui a lieu au début du XXIᵉ siècle en France au sujet de la « désindustrialisation » de la Grande-Bretagne, où les usines laissent la place à une société de services exactement comme il y a cent soixante-dix ans les forêts laissaient la place aux usines. Pendant la seconde moitié du XXᵉ siècle, la tendance était déjà à l'expansion des forêts en Europe et en particulier en France. En 2005, la forêt française représentait (selon l'Inventaire forestier national) un territoire de 155 000 km², c'est-à-dire une superficie presque égale à la Grèce et l'Albanie réunies. Dans l'Union européenne, seuls trois pays (la Suède, la Finlande et l'Espagne) disposent d'une superficie de forêt plus étendue que celle de la France.

Malgré cela, les risques sont toujours présents. Le plus grand danger récent pour la forêt française a été les tempêtes de décembre 1999 et janvier 2009, qui ont entraîné de graves dégâts sur presque tout le territoire national. Un autre danger extrêmement sérieux – et malheureusement récurrent – est les incendies, en été, dans la zone méditerranéenne. Ces incendies, qui ont parfois une origine criminelle, menacent, ajoutés à la construction de résidences secondaires, la forêt méditerranéenne dans certaines régions de la France, de l'Espagne, de la Grèce et de l'Italie. Dans ce cas, il s'agit d'un danger très sérieux.

Il ne faut pas oublier une autre idée reçue sur la déforestation : l'industrie du papier détruirait les forêts. En réalité, cette industrie utilise des sous-produits du bois, comme les branches et les chutes de scieries. Il n'est donc pas vrai que la fabrication du papier accélère la déforestation. Au contraire : l'industrie du papier permet de recycler les déchets de l'industrie du bois. Évidemment, ce n'est pas une raison pour gaspiller le papier ou pour renoncer à le recycler. Mais c'est une excellente raison pour ne pas « criminaliser » le papier en tant que tel et surtout le papier des quotidiens (déjà assez critiqué pour ce que l'on peut y lire). En Europe, les forêts sont surtout exploitées pour l'ameublement et l'emballage. En Afrique, Asie et Amérique du Sud, la matière première de l'industrie du meuble est utilisée de façon certainement plus « sauvage », mais les dégâts infligés aux forêts sont surtout provoqués par le désir d'augmenter la surface destinée à l'agriculture et à l'élevage, ainsi que par la pression démographique en général.

Le pacs est un mariage homosexuel

« Aujourd'hui, Alberto, tu vas écrire une demi-page avec un peu de verve sur Jospin qui autorise le mariage homosexuel ! », me demande le rédacteur en chef du quotidien de Gênes *Il Secolo XIX* – pour lequel je travaillais à l'époque – après avoir lu la dépêche annonçant le projet de loi sur le Pacte civil de solidarité (pacs). En France aussi la plupart des gens étaient persuadés à ce moment-là (c'était en 1999) que ce nouveau contrat de vie commune allait surtout être utilisé par les couples homosexuels.

La réalité est complètement différente, même si beaucoup de Français et d'étrangers continuent à considérer le pacs comme une espèce de mariage homosexuel. Dès sa création, le pacs s'est en effet imposé comme une alternative au mariage traditionnel entre un homme et une femme. Le pacs est un instrument juridique souple et très efficace, qui donne au couple le maximum d'avantages (y compris fiscaux) avec le minimum de paperasse bureaucratique, de dépenses et d'engagements.

Les chiffres sont impressionnants. Ils indiquent à la fois le succès du pacs, presque imprévisible au moment de sa création, et la présence d'une écrasante majorité de pacs hétérosexuels. En 1999, à sa création, ce contrat a été signé par 6 211 couples, dont presque la moitié (42 %) était des couples homosexuels. La situation a par la suite évolué. En 2000, on compte 22 276 pacs dont un quart de couples homosexuels. En 2006, 77 363 pacs signés et seulement 7 % de couples homosexuels.

Il est évident que, à ses débuts, le pacs a permis d'améliorer la situation d'un grand nombre de couples homosexuels, qui existaient déjà depuis un certain temps et qui ont immédiatement saisi l'occasion d'obtenir une reconnaissance juridique. Mais le pacs n'est pas une réponse à toutes les revendications des homosexuels, qui réclament un mariage en bonne et due forme. Certains politiques français ont essayé (sans succès) d'ouvrir aux homosexuels l'actuelle institution du mariage : le 5 juin 2004, le maire de Bègles, Noël Mamère, a célébré officiellement à l'hôtel de ville l'union entre deux hommes, mais le parquet général en a obtenu l'annulation, en estimant que le Code civil français restreint de manière implicite le mariage aux personnes de sexe différent (en 2007, la Cour de cassation a entériné

cette interprétation, en rejetant le pourvoi des intéressés).

Le pacs n'est pas un « mariage homosexuel », car
il ne permet pas aux couples du même sexe
d'adopter des enfants, sujet sur lequel on est en
train de discuter en France et dans d'autres pays
européens. En Europe, la situation est très variable
entre ceux qui autorisent le mariage entre personnes
du même sexe (Belgique, Espagne, Grande-
Bretagne, Pays-Bas) et ceux qui, comme l'Italie, ne
prévoient absolument rien sur le terrain de la reconnaissance des unions homosexuelles. En France, le
pacs a été, sans aucun doute, une très bonne
réforme, qui n'a fait que du bien.

Les Français n'aiment pas vivre
à l'étranger

Dans un passé qui commence (heureusement) à devenir lointain, les Français n'aimaient pas vivre à l'étranger. Les gouvernements adoptaient donc des mesures favorables à ceux qui partaient pour servir les intérêts économiques de la patrie et pour en assurer le « rayonnement ». De nos jours, ces promesses sont moins nécessaires. Pour de nombreux Français, la vie à l'étranger est devenue presque naturelle. L'étranger est, pour certains, comme la cour de leur vieille maison de famille en France. Parallèlement, d'autres Européens – par exemple les Britanniques – considèrent le sol français comme la cour de leur maison à eux. Voilà qu'est organisée, du côté de Pau, la « chasse à courre au renard » désormais interdite dans le royaume de Sa Majesté. Il arrive que chacun de nous vive mieux dans l'espace d'un autre. Mais ne résiderions-nous pas tous dans le même « village » ?

Parfois, au nom du rayonnement de la France, de vieilles promesses toujours difficiles à tenir sont encore faites. Quand il était candidat à l'Élysée, Nicolas Sarkozy a adressé une lettre aux « Français de l'étranger » pour leur assurer « une protection maximale » ainsi que le renforcement de « leurs liens avec la République ». Un généreux Sarkozy a garanti « la prise en charge du coût des études secondaires au sein des lycées français à l'étranger », une augmentation des bourses, le renforcement de la sécurité des Français dans les pays d'accueil, la simplification de leurs démarches administratives, et l'exonération des plus-values de cession de leur résidence unique en France. *Last but not least*, comme disent les Français de l'étranger, Sarkozy a promis de « renforcer la représentation » de ces derniers en étudiant la possibilité d'instituer des députés destinés à les représenter. Cette mesure est déjà en vigueur pour les expatriés d'autres pays, comme les Italiens.

Le Français qui part vivre à l'étranger est désormais une personne pleine de dynamisme. Les Français de l'étranger résident surtout dans les pays limitrophes : Belgique et Suisse (presque 200 000 chacun), Royaume-Uni et Allemagne (150 000 chacun) et ensuite, Espagne et Italie. En réalité, il y aurait quasiment 300 000 Français installés durablement dans la seule agglomération urbaine de Londres. Quant au Proche et au Moyen-Orient, la hausse du nombre de résidents français est constante. Parmi eux, une dame bien en vue, même si elle n'est plus « la Première », Cécilia Attias ex-Sarkozy, évidemment, qui s'est expatriée avec son mari Richard, à la tête de la Dubai Event Management Corporation.

De nombreux jeunes Français partent à Londres, en Irlande, aux États-Unis et ailleurs pour travailler dans des domaines technologiquement avancés, en améliorant, au passage, leur connaissance de la langue anglaise. Les jeunes Français sont persuadés que l'Allemagne, le Canada et l'Espagne sont les pays où il est plus facile de s'intégrer en tant qu'expatrié. Simultanément, des couples de jeunes retraités français achètent ou louent de plus en plus souvent une maison dans des endroits agréables en Croatie, Espagne, Grèce, Italie, au Maroc ou en Tunisie. Ils rentrent en France de temps en temps pour rendre visite à leurs enfants et petits-enfants, mais leur vie est désormais ailleurs, même s'ils continuent à se considérer parfaitement Français, comme tous leurs compatriotes qui ont choisi de vivre à l'étranger.

Celui qui part est souvent un Français plein d'énergie, à la recherche d'une nouvelle vie, pleine de réussite ou qui souhaite tout simplement pour s'imprégner de la magie d'un lieu extraordinaire. C'est le cas de Carole Bouquet qui prend racine sur l'île de Pantelleria, entre la Sicile et la Tunisie, où elle produit un vin de la couleur de l'or, le « passito di Pantelleria », appelé « Sangue d'oro ». S'il existait la possibilité de presser les rayons du soleil comme des oranges, ce vin en serait le jus. Et pourquoi ne pas faire comme un couple parisien originaire d'Essaouira, délicieuse ville marocaine sur l'Atlantique, qui a acheté une maison dans cette localité pour y vivre plus de la moitié de son temps ? L'idée lui est venue en consultant le site Internet du magazine *Vivre à l'étranger*. Tout un programme...

Zidane avait raison

« Je trouve Zinédine Zidane toujours aussi beau, aussi sublime. Presque encore plus grand après ce geste. Albert Camus disait qu'il préférait sa mère à la justice. Je crois que Zinédine Zidane préfère sa mère à la Coupe du monde. J'aurais réagi comme lui[1] », dixit Jamel Debbouze, comédien et producteur. Voilà un exemple des commentaires proposés par la presse française après le plus célèbre « coup de boule » de l'histoire contemporaine.

Et si on réfléchissait sérieusement sur cette histoire ? Zinédine Zidane a fait une chose très claire lors du match de football du 9 juillet 2006 à Berlin : il a réagi à une provocation verbale par une agression physique. Ce soir-là, Zidane n'était pas un Français comme les autres, il était le joueur préféré des Bleus, et sans doute l'un des hommes les plus populaires de France. En 1998, il avait été le protagoniste de la victoire mondiale de l'équipe « bleu,

---

1. *Le Parisien*, 13 juillet 2006.

267

blanc, beur ». En 2005-2006, il avait rendu possible la marche triomphale d'une qualification incertaine à la nouvelle finale de la Coupe du monde. À ce moment-là, il représentait un triple symbole, symbole de succès sportif, symbole d'intégration réussie et symbole de générosité pour ses activités caritatives. Beaucoup de Français ont refusé l'idée que cette idole puisse se salir et se briser en un instant à cause d'une réaction violente à la provocation de l'Italien Marco Materazzi. Solution simple à ce problème donc : nourrir la certitude que Zidane a eu raison.

La première réaction populaire (partagée par d'éminentes personnalités, à commencer par le président de la République Jacques Chirac et par le chef de l'opposition François Hollande) a été celle de donner raison à Zizou, en sous-estimant l'importance du mauvais exemple que le capitaine des Bleus avait donné au monde entier. Ségolène Royal a rendu hommage au footballeur, en saluant « sa capacité à défendre farouchement les valeurs auxquelles il croit profondément, et en particulier, le respect dû à sa mère et le respect dû à sa sœur ».

Et un prétexte apparemment génial a même été trouvé pour justifier son attitude : coller sur les lèvres du provocateur une phrase à caractère raciste. Materazzi a du coup porté plainte en diffamation contre le quotidien londonien *Daily Mail*, auteur de cette initiative, et, en novembre 2008, il a obtenu satisfaction. Mais jusqu'à ce jugement, la fausse interprétation raciste a contribué à faire croire que Zidane avait eu raison. Si on ne peut défendre ou même justifier le comportement indécent de Materazzi, sous-estimer les réactions face à la violence est quelque chose de dangereux ; très dangereux même.

Si à chaque geste du doigt levé (comme ceux que les automobilistes s'adressent de plus en plus souvent entre eux à chaque coin de rue) correspondait un coup de poing ou de revolver, les rues seraient des champs de bataille et les stades des hôpitaux.

Heureusement, Zidane est une personne intelligente et bien conseillée par ses généreux sponsors. Il est allé, de lui-même, à la télévision mettre de l'eau dans son vin. Il a exprimé ses regrets pour le mauvais exemple donné ainsi aux jeunes, mais sans regretter son comportement vis-à-vis de l'adversaire-provocateur. En revanche beaucoup de fans de Zizou n'ont vraiment pas changé d'avis. Exemple simple mais significatif, un message apparu sur la toile le 26 juillet 2006 (juste après l'autocritique partielle de Zidane) au nom de « Steeve de Nantes ». Texte : « Materrazzi est un facho, point final ! Il n'est pas nécessaire d'analyser 500 000 choses. Il l'a insulté et Zidane a bien fait, j'aurais fait la même chose ! Il n'y a pas de circonstances atténuantes. » Délicieuse dialectique qui prive de « circonstances atténuantes » celui qui a reçu le coup de boule pour donner totalement raison à celui qui l'a donné. Là, on trouve une justification à la violence : Materazzi « est un facho ». Bref, toute violence utilisée contre « un facho » n'est pas vraiment condamnable à l'inverse d'autres cas. Bien sûr, la personne qui affirme la nécessité de l'acte de violence pense aussi avoir le droit de décider qui mérite cette dernière, et qui peut être « gracié ». Qui est « facho » et qui ne l'est pas. D'ici à justifier la violence contre tout adversaire politique ou social, la transition est facile. Eh oui : Zizou a ouvert une boîte de Pandore, et cela mérite une longue réflexion. Son geste paraît aujourd'hui comme « daté ». La réflexion sur ses conséquences ne l'est absolument pas.

Les Français ne savent pas rire
d'eux-mêmes

Ce samedi-là, je me trouvais dans l'une de mes villes préférées, Bastia. On m'avait invité au Festival Arte-Mare pour parler du film de Paolo Sorrentino *Il Divo*, sur l'histoire politique et personnelle de Giulio Andreotti, surnommé, pendant des dizaines d'années, « Il divo Giulio ». Une divinité de la politique. En présentant ce film, j'ai essayé d'être le plus objectif possible. Je n'ai cependant pas pu m'empêcher de faire une réflexion. Depuis 1945, le cinéma italien essaie (avec plus ou moins de succès selon les périodes) de donner sans complaisance une image critique et parfois extrêmement cruelle de la politique nationale, tandis que le cinéma français a toujours (ou presque) été timide dans la dénonciation des maux de la société, et surtout de ceux liés à la politique.

Se lamenter sur les problèmes concernant la société italienne est un sport national en Italie, auquel notre cinéma participe pleinement. En

France, c'est différent. En France, la République n'est pas traînée dans la boue, ni les hommes qui la conduisent. Qui pourrait imaginer en France un film choc comme *Il Divo* sur un grand leader politique, entré dans l'histoire du pays et de l'Europe ? Les Français n'aiment pas pleurer sur eux-mêmes, et leur cinéma évite de donner au pouvoir politique et à ses représentants des coups là où ça fait le plus mal.

Mais, il est faux de penser que les Français ne savent pas rire d'eux-mêmes. Le cinéma français est rempli d'autodérision qui – avec *Le Dîner de cons* par exemple – arrive à exorciser une grande peur nationale : le contrôle fiscal. La « comédie à la française » ironise volontiers, en général plutôt gentiment, sur les différents aspects de la société et de la politique. Quant à la presse française, un journal comme *Le Canard enchaîné* montre que la satire peut être très populaire. Né pendant la Première Guerre mondiale, ce journal a consacré l'un de ses premiers dessins au fait que ce conflit était interminable : un poilu dit à un autre : « Ne t'inquiète pas, pendant la guerre de Cent ans, ils sont tous morts de vieillesse ! » La presse satirique a toujours (ou presque) été l'un des piliers de l'information française dans son ensemble. En ce début du XXIᵉ siècle, le Français Jean Plantu est l'un des dessinateurs satiriques les plus célèbres au monde. Le français est aussi la langue de travail du très courageux dessinateur algérien Ali Dilem, qui a été persécuté, pour avoir laissé s'exprimer la liberté de sa pensée et la force de son crayon.

La télévision française propose, depuis des décennies, une formidable émission satirique, « Les Guignols de l'info », devenue un véritable « contre-pouvoir ».

Les Français aiment rire d'eux-mêmes en se considérant... tristes. Je ne compte pas les fois où j'ai entendu la phrase : « Les Français sont des Italiens tristes. » Même Carla Bruni-Sarkozy l'a prononcée lors d'une interview, en précisant qu'elle vient de la bouche de Jean Cocteau ! Je ne sais jamais si on me le dit plus pour se montrer « presque italien » ou pour s'insurger contre la présumée « tristesse » du peuple français. Après avoir prononcé cette phrase fatidique, mes interlocuteurs commencent à rire et en général ils gardent le sourire. Formidable !

Les Français font de la résistance

Papy fait de la résistance est le titre d'une pièce théâtrale et d'un film écrits par Christian Clavier en 1983. « Christian Clavier fait de la résistance », dit une radio quand ce personnage porte plainte en Corse contre les « visiteurs » de sa villa. « Nous, on fait de la résistance », répondent ceux qui s'opposent à la réalisation de résidences secondaires en Corse. Bref, tout le monde se dispute avec tout le monde et tout le monde fait de la résistance. Sauf Dominique Rossi, démis en septembre 2008 de ses fonctions de coordinateur des services de sécurité en Corse (par la volonté du président de la République), à cause d'un vilain défaut : s'occuper des villas sans penser au Château.

« Bayrou entre en "résistance" jusqu'à 2012 », est le titre d'un article du *Figaro* publié le 3 décembre 2007. « C'est décidé, j'entre en résistance », annonce le directeur de l'école Saint-Exupéry de Colmar. « Michel Platini entre en résistance », est un commentaire de la presse sur la fermeté du président de l'UEFA face aux grands clubs de foot. « L'appel des appels. Une campagne de signatures a démarré pour offrir, enfin, un cadre fédérant pour toutes les initiatives de résistance au sarkozysme », dit un message diffusé en 2009 par Internet. Et je pourrais continuer ainsi sans fin…

Les Français ne se limitent pas à la critique ou à l'opposition : ils « entrent en résistance », comme si cette expression pompeuse donnait une saveur particulièrement noble à leur attitude. Comme s'il s'agissait d'une phase physiologique de l'être humain dans sa relation aux autres ou à la société dans son ensemble. L'expression « être en résistance » est utilisée par la presse comme par les intellectuels avec une fréquence impressionnante et à n'importe quel sujet. L'idée de « résister » évoque l'image de David contre Goliath. Surtout elle évoque l'image du général de Gaulle, célébré comme « L'homme qui a dit non ». « Résistance » est l'un des mots magiques que la France a mis dans sa valise en faisant le voyage du XXᵉ au XXIᵉ siècle.

Certains se limitent à utiliser l'expression « entrer en résistance » comme une simple (bien que significative) façon de parler. Une curieuse expression devenue habituelle. D'autres la prennent très au sérieux, lui attribuant une signification profonde. Et la prosopopée du « non » et de la « résistance » d'envahir une certaine France : celle qui est dominée par la nostalgie ainsi que par l'envie de barrières et de frontières. Toujours plus nombreuses, toujours plus élevées, toujours plus solides. Cette France de la nostalgie et des frontières est représentée un peu partout sur l'échiquier politique, avec une préférence pour les extrêmes, mais elle est unie par un élément fondamental, qui est sa seule vraie spécialité : dire « non, non, toujours non ».

Heureusement cette France-là n'est pas majoritaire. Heureusement la phrase « les Français adorent être en résistance » est une pure et simple idée reçue. La France du parti pris de l'« être en résistance » est (et sera) de plus en plus minoritaire.

Je suis certain qu'en France, comme ailleurs, les nouvelles générations ont vraiment envie de créer quelque chose de nouveau. Elles n'ont pas peur de mettre leur nez à l'extérieur des frontières nationales ni de créer des opportunités de travail, avec notamment l'explosion d'Internet. Profiter de ces opportunités est le premier vaccin contre le risque de vivre de nostalgie. On peut aimer le passé, mais on peut surtout adorer les défis de l'avenir.

Grands et petits défis. Comme celui (très petit, mais pour moi important) de vivre dans un pays européen différent de celui dans lequel on est né, en aimant les deux sans problème. Je pense savoir pourquoi j'écris sur la France. Pour moi, c'est une façon de montrer mon espoir dans l'Europe et dans l'avenir. « Warum schreibe ich über Frankreich ? », « Pourquoi écris-je sur la France ? » se demandait déjà en 1929 le journaliste et écrivain allemand Friedrich Sieburg, correspondant à Paris pour le quotidien *Frankfurter Zeitung* (*Gazette de Francfort*), avant d'écrire son livre *Gott in Frankreich*, littéralement « Dieu en France », traduit en 1930 sous le titre *Dieu est-il français ?*. Je ne sais pas si Dieu est français. Il doit avoir plusieurs passeports, en plus de celui de l'État du Vatican. Le bon Dieu a sans doute beaucoup fait pour la France, parce que ici la vie est bien plus paisible que dans beaucoup d'autres pays. Mais parfois les Français ont du mal à s'en rendre compte. Parfois, ils font de la résistance...

Table

Cet ouvrage a été composé par FACOMPO
à Lisieux (Calvados)

Impression réalisée en France
par CPI Bussière
à Saint-Amand-Montrond (Cher)
en mars 2009

N° d'édition : 01 – N° d'impression : 091063/4
Dépôt légal : avril 2009